【第2版】

# 公立病院の経営改革

## 地方独立行政法人化への対応

あずさ監査法人 編

同文舘出版

# 第２版はじめに

本書「公立病院の経営改革」の初版を出版したのは2010（平成22）年３月であり，６年が経過しています。

この間，2007（平成19）年12月に総務省から発出された「公立病院改革ガイドライン」による改革プランの対象期間が一区切りしました。再編・ネットワーク化や経営形態の見直しに取り組む病院が大幅に増加し，経常損益が黒字の病院も増加するなど，一定の成果があがっています。

一方で，依然として，経営が厳しい公立病院も数多く存在するとともに，医療を取り巻く環境として少子高齢化や人口減少，2025年問題に象徴される医療費の急増等が社会的により一層深刻化しています。

また，これらの背景を受けて，2014（平成26）年６月に「医療介護総合確保推進法」が成立・公布され，2015（平成27）年３月に厚生労働省から「地域医療構想策定ガイドライン」が，また同日付で総務省から「新公立病院改革ガイドライン」が発出されるなど，公立病院に対して，経営形態の見直しなどを含めた，より適切な医療提供体制の再構築が社会から強く求められています。

本書は，公立病院を取り巻くこれらの厳しい環境を踏まえ，地方独立行政法人化に焦点を当てたものです。

我々あずさ監査法人は，地方独立行政法人化の支援をはじめ，公立病院に対して数多くの実務経験を有しています。これらの経験を踏まえ，第２版では，初版以降に地方独立行政法人化した公立病院の実情を反映し，さらにわかりやすく解説しています。

本書が，良質な地域医療の持続的な確保のため，さらに効果的な公立病院改革の一助となれば幸いです。

平成28年７月

あずさ監査法人　常務理事
パブリックセクター本部長

武久　善栄

# はじめに

公立病院の経営悪化は今までもしばしば話題になり経営改革が必要であるといわれてきましたが，昨今の状況は今までにない厳しい状況となっています。公立病院には民間病院には提供困難な医療を行うという使命を遂行するため，地方自治体から他会計繰入金等のかたちでの補助金の制度があります。しかし，財政健全化法に象徴されるように，現在地方公共団体の財政は危機的な状況にあります。医療だけがその財源を確保できる保証はなく，補助金の減額を余儀なくされる公立病院が増加すると予想されます。したがって，今後ますます経営改革を進め，自立的に経営できる幅を広げていく必要があります。

しかしながら，わが国の医療全般に目を転じてみると，公立病院の財政改善を進めることが非常に困難な状況となっていることがわかります。わが国の人口は純減に転じ，さらに景気の低迷もあり，医療保険財政の歳入は伸び悩んでいます。一方，高齢化率は上昇しており，後期高齢者医療制度を導入するも，医療保険財政の歳出増加は避けられそうにありません。そのため，在院日数抑制，診療報酬上昇の抑制，薬価の引き下げ等の政策が取られています。また，医師不足，看護師不足も病院経営に重くのしかかっています。これらを反映して，現実的に病棟の休止，診療科の減少に追い込まれる病院は多数に及んでいます。

このような環境を踏まえると，2007年に設定された公立病院改革ガイドラインにおいて病院の開設主体を超えた地域における病院の再編を進めるように記述されたのは当然といえるかもしれません。とはいえ，開設主体を超えた再編は多くの困難に対処することが必要になると予想されます。また，ガイドラインでは民間経営手法の導入として，経営形態の変更が謳われています。この中で民間譲渡，もしくは実質的に民営化となる指定管理者制度は条件面では困難が予想されますので，公的な病院の立場を保持しながら民間経営手法を取り入れる地方独立行政法人化が注目されることとなっています。

すでに国の多くの特殊法人や研究所は独立行政法人化されています。独立行政法人制度は，公的なサービスを実施することは従来と変わりませんが，会計制度，ディスクロージャー，人事制度等で民間経営手法を取り入れた法人です。地方独立行政法人は地方自治体においてこの独立行政法人制度を採用したものといえます。地方自治体においては，この地方独立行政法人制度を利用して，病院の経営改革を検討する病院が増加するものと予想されます。

本書は公立病院の地方独立行政法人化に焦点を当てたものです。地方独立行政法人化には，地方独立行政法人法への制度対応，地方独立行政法人会計基準への対応，人事給与制度の確立，財務会計・人事給与システムの導入等の対応が必要になります。我々あずさ監査法人は今まで独立行政法人化，地方独立行政法人化では数多くの実績を持っています。本書は我々の経験の中から，病院の地方独立行政法人化に必要となる検討事項について，できるだけ網羅的に解説を行っています。

また，地方独立行政法人制度は，経営改革を促進する民間経営手法が導入されてはいますが，その制度導入だけで経営改革が実施されるわけではありません。地方独立行政法人制度を導入しても，経営改革の努力を怠ればその効果は限定されます。そこで，経営改革のための手法として，原価計算制度や業績評価基準等についても解説しています。

このように，本書は公立病院が地方独立行政法人化を軸として経営改革を実現することを念頭に置き著したものです。まさに，日本の医療・病院経営が構造的な変革期にある今，経営改革を行わなければ公立病院の存続が困難な状況です。このような困難な状況を乗り越えるために，本書が一助となれば幸いです。

平成22年３月

あずさ監査法人　本部理事
パブリックセクター本部長

横井　康

公立病院の経営改革 ◆ 目次

# 第2章 地方独立行政法人の概要

# 第3章 目標・計画・評価

## 第4章 人事給与制度設計



## 第5章 財務会計制度

## column 目次

## 凡　例

| 略　　記 | 正式名称 |
|---|---|
| 法 | 地方独立行政法人法 |
| 施行令 | 地方独立行政法人法施行令 |
| 基準 | 地方独立行政法人会計基準 |
| 注 | 地方独立行政法人会計基準注解 |
| 減基 | 固定資産の減損に係る地方独立行政法人会計基準 |
| 医療介護総合確保推進法 | 地域における医療及び介護の総合的な確保の促進に関する法律 |
| 新ガイドライン | 新公立病院改革ガイドライン |
| 前ガイドライン | 公立病院改革ガイドライン |
| 新改革プラン | 新公立病院改革プラン |
| 前改革プラン | 前ガイドラインによる改革プラン |
| 運営費負担金・補助金等 | 運営費負担金，運営費交付金，補助金等及び工事負担金等 |
| 構想区域 | 地域における病床の機能の分化及び連携を推進するための基準として厚生労働省令で定める基準に従い定める区域 |
| 支払基金等 | 社会保険診療報酬支払基金等 |

※法令は，平成28年６月30日現在
※本書では非公務員型を前提に記載しています。

# 公立病院の経営改革

―地方独立行政法人化への対応―

（第２版）

# 第1章

# 公立病院を取り巻く経営環境

**公立病院の経営改革に向けた本章のポイント**

・経営環境の理解
・地域医療構想への対応
・新公立病院改革ガイドラインへの対応

# 1 はじめに

本書は公立病院の地方独立行政法人化を主なテーマとしています。

2003（平成15）年に地方独立行政法人法が施行されてから，2014（平成26）年度末現在，80の病院が地方独立行政法人化しています。

また，2015（平成27）年３月31日に総務省より発出された「新公立病院改革ガイドライン」においては経営形態の見直しを１つのテーマとしています。

当該ガイドラインでは，経営形態の見直しの選択肢として，①地方公営企業法の全部適用，②地方独立行政法人化（非公務員型），③指定管理者制度の導入，④民間譲渡，⑤診療所等への事業形態の見直しがあげられていますが，この中で，「これまで実際に地方独立行政法人化した病院において，人事面・財務面での自律性が向上し，経営上の効果を上げているケースが多いことにも留意すべきである」（10頁）旨が紹介されていることもあり，地方独立行政法人化を検討する病院が増加することが予想されます。

本章では，「新公立病院改革ガイドライン」を中心に，公立病院を取り巻く経営環境について述べます。

# 2 公立病院を取り巻く経営環境

## （1）医療費の増加と人口・年齢構成の変化

医療費は毎年増加しており，厚生労働省によると，2014年度には40.0兆円（39.9556兆円）となりました（「平成26年度 医療費の動向」）。

一方，人口・年齢構成として，団塊の世代がすべて75歳となる2025年には，75歳以上の人口が全人口の18％となり，2060年には，全人口は8,674万人まで減少する一方，65歳以上の人口は全体の約40％となる見込みです（厚生労働省HP「社会保障制度改革の全体像」）。

**図表1－1　日本の人口・年齢構成の変化**

○団塊の世代がすべて75歳となる2025年には，75歳以上が全人口の18%となる。
○2060年には，人口は8,674万人にまで減少するが，一方で，65歳以上は全人口の約40%となる。

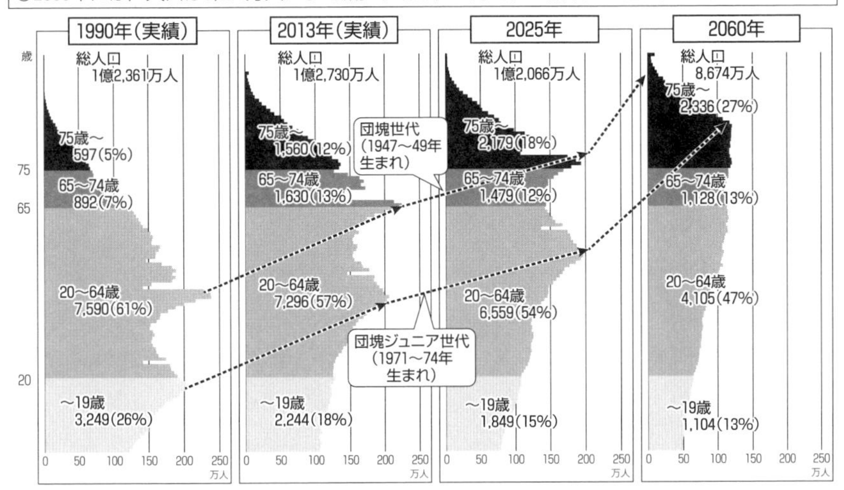


出所：総務省統計局「国勢調査」および「人口推計」；国立社会保障・人口問題研究所「日本の将来推計人口（平成24年1月推計）：出生中位・死亡中位推計」（各年10月1日現在人口）などより作成。

今後ますます高齢化が進むため，医療費もさらに増加することが予想され，「経済財政運営と改革の基本方針2014」（骨太の方針2014）（29頁）においても，「地方財政改革の推進」として，「『公立病院改革プラン（5か年計画）』に基づく取組の成果を総務省・厚生労働省が連携して評価した上で，地域医療構想の策定に合わせ，今年度中に，新たな公立病院改革ガイドラインを策定する。」旨の記載があります。

## （2）医療介護総合確保推進法と地域医療構想

2014（平成26）年6月25日に，「地域における医療及び介護の総合的な確保の促進に関する法律」（以下，医療介護総合確保推進法）が成立・公布されました。

当該法律は，地域において効率的かつ質の高い医療提供体制を構築するとともに地域包括ケアシステムを構築することを通じ，地域における医療および介護の総合的な確保を促進する措置を講ずることを目的としています。また同法第４条では，都道府県は，地域医療構想の達成に向けた医療機関の施設または設備の整備に関する事業について定めるものとしています。

地域医療構想とは，医療法第30条の４第２項第７号の「地域における病床の機能の分化及び連携を推進するための基準として厚生労働省令で定める基準に従い定める区域（以下，構想区域）における次に掲げる事項を含む将来の医療提供体制に関する構想」のことをいい，各都道府県における医療提供体制の確保を図るための計画（医療計画）の一部を構成します。

将来，団塊の世代が75歳以上の後期高齢者となる2025（平成37）年を１つの区切りとして，構想区域ごとの人口・年齢構成は変化し，必要な病床機能・病床数も変化します。したがって，地域医療構想は，構想区域ごとに，この変化に対応する医療需要と，必要な病床機能，高度急性期・急性期・回復期・慢性期ごとの必要な病床数を推計して策定されるものとなります。

また，この地域医療構想策定にあたり，全国的に標準と考えられる手続等として，「地域医療構想策定ガイドライン」（地域医療構想策定ガイドライン等に関する検討会）が2015（平成27）年３月31日付で厚生労働省から発出されました。

地域医療構想は各都道府県が策定しますが，構想区域（基本的に２次医療圏）単位で，医師会・歯科医師会・市町村等から幅広く参加される「地域医療構想調整会議」で協議することとされ，2015（平成27）年度末までの策定が望ましいとされています。

なお，地域医療構想調整会議における協議が調わない場合等には，各都道府県は，不足している病床の機能区分に係る医療を提供すること等について，公的医療機関等にあっては指示を，公的医療機関等以外の医療機関にあっては要請をすることができるとされています（医療法第30条の15第６項，第７項）。

また，稼働していない病床への対応として，各都道府県は当該病床の削減を命令することができるとされています（医療法第７条の２第３項）。

上記のほか，指示や要請，命令に従わない場合には，医療機関名の公表，

図表１−２　2025年の医療機能別必要病床数の推計結果（全国ベースの積上げ）

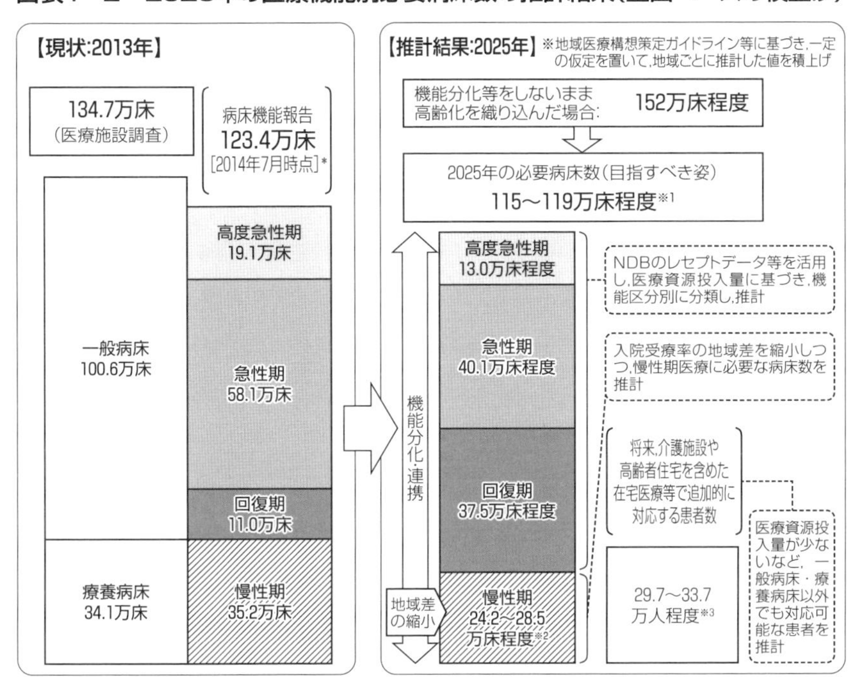


＊未報告・未集計病床数などがあり，現状の病床数（134.7万床）とは一致しない。なお，今回の病床機能報告は，各医療機関が定性的な基準を参考に医療機能を選択したものであり，今回の推計における機能区分の考え方によるものではない。

※1　パターンA：115万床程度，パターンB：118万床程度，パターンC：119万床程度
※2　パターンA：24.2万床程度，パターンB：27.5万床程度，パターンC：28.5万床程度
※3　パターンA：33.7万人程度，パターンB：30.6万人程度，パターンC：29.7万人程度

出所：医療・介護情報の分析・検討ワーキンググループ（2015）「医療・介護情報の分析・検討ワーキンググループにおける検討内容について〜2025年の医療機能別必要病床数の推計結果について〜」6月15日，3頁。

地域医療支援病院の不承認または承認取り消し，管理者の変更命令等の措置を講ずることができるとされています（医療法第27条の２，第28条，第29条第３項等）。

## （3）地域医療構想と新公立病院改革ガイドライン

前項で「地域医療構想策定ガイドライン」が2015（平成27）年３月31日付で厚生労働省から発出された旨を述べましたが，同じ日付で総務省から「新

公立病院改革ガイドライン」（以下，新ガイドライン）が発出されました。

新ガイドラインは，2007（平成19）年12月24日付で総務省から発出された「公立病院改革ガイドライン」（以下，前ガイドライン）の趣旨を継承し，医師をはじめとする医療スタッフを適切に配置できるよう必要な医療提供体制を整備するとともに，経営の効率化を図り，永続的な病院経営を目指すものです。

また，地域医療構想と新ガイドラインは，地域医療の提供体制を確保するという点では共通しており，整合的に検討される必要があるとされています。

地域医療の確保に対して，医療介護総合確保推進法と地域医療構想は構想区域の視点から，新ガイドラインは個々の公立病院の視点からアプローチしているものと考えることができます。

なお，発出時期の関係を整理した場合，図表1－4のとおりとなります。

**図表1－3　医療介護総合確保推進法・地域医療構想と新公立病院改革ガイドラインとの関連イメージ**

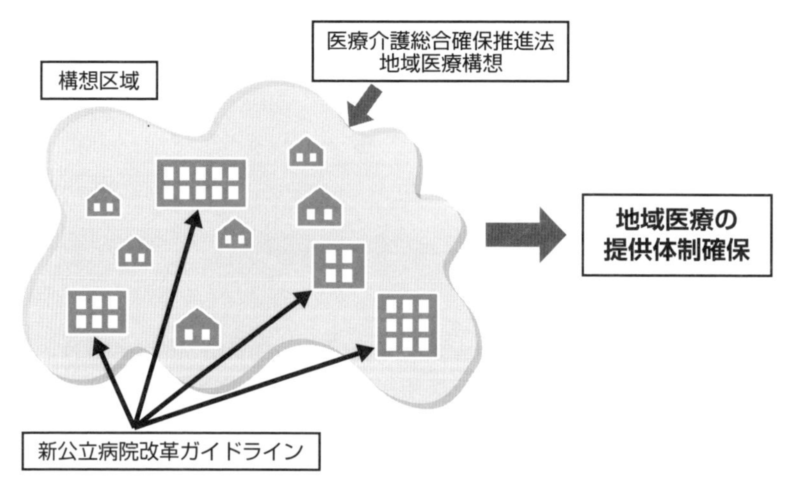

## 図表1－4　発出時期

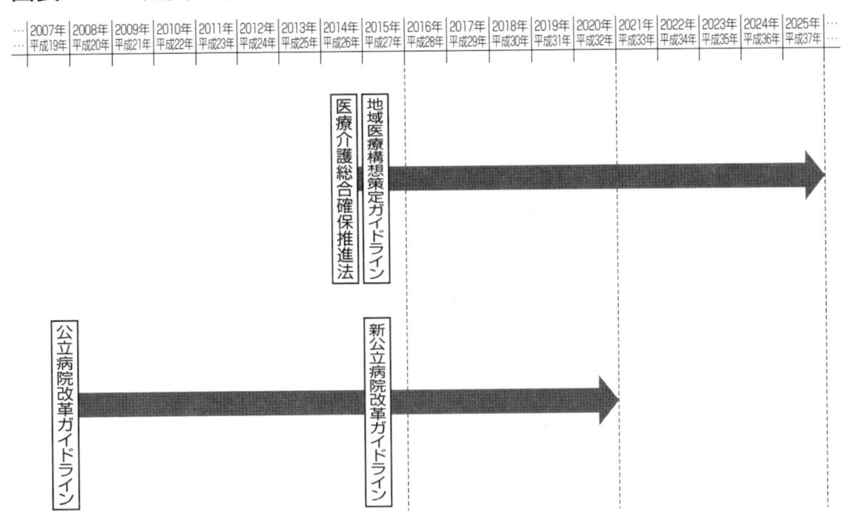
2007年 平成19年
2008年 平成20年
2009年 平成21年
2010年 平成22年
2011年 平成23年
2012年 平成24年
2013年 平成25年
2014年 平成26年
2015年 平成27年
2016年 平成28年
2017年 平成29年
2018年 平成30年
2019年 平成31年
2020年 平成32年
2021年 平成33年
2022年 平成34年
2023年 平成35年
2024年 平成36年
2025年 平成37年
医療介護総合確保推進法
地域医療構想策定ガイドライン
公立病院改革ガイドライン
新公立病院改革ガイドライン

## column 国立社会保障・人口問題研究所の人口ピラミッド

自院の外部環境を把握する際，将来人口を推計するため，「国立社会保障・人口問題研究所」のデータを活用される方も多いと思います。また，同研究所のHPの最初のページにある人口ピラミッドの推移の動画を目にした方も多いと思います。日本の人口ピラミッドが，だんだん細く，逆ピラミッドになっていって，最後にはパッと消えてしまうあれです。

あれをみるたびに，医療費が増えていくことが実感できてしまいますが，そもそも，日本はドウナルノダロウカと思ってしまいます。

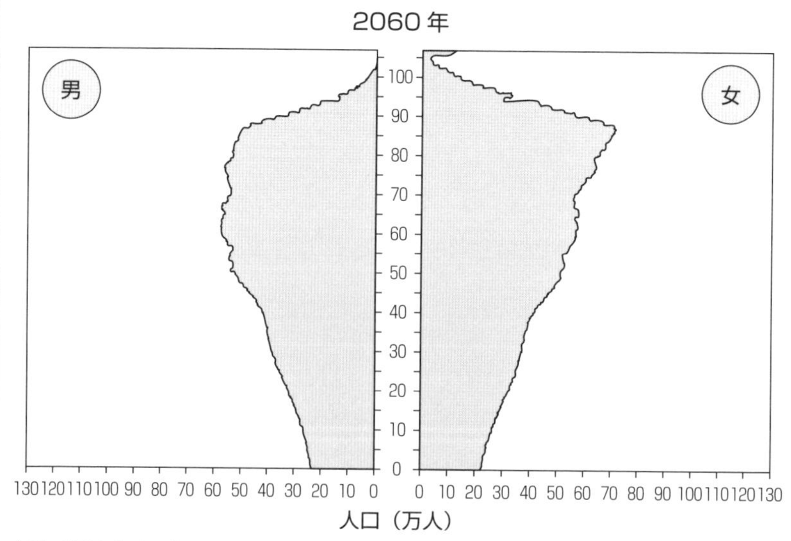


出所：総務省統計局「国勢調査」および「人口推計」；国立社会保障・人口問題研究所「日本の将来推計人口（平成24年1月推計）：出生中位・死亡中位推計」（各年10月1日現在人口）などより作成。

# 3 新公立病院改革ガイドラインについて

## （1）新公立病院改革プランの策定

新ガイドラインでは，病院事業を設置する地方公共団体は，新公立病院改革プラン（以下，新改革プラン）を策定し，病院機能の見直しや病院事業経営の改革に総合的に取り組むものとされています。

ただ，2007（平成19）年12月24日付の前ガイドラインによる改革プラン（以下，前改革プラン）が2008（平成20）年度内に策定し５年程度を対象期間とすることを標準としていたものの，自主的に前改革プランの改定を行っている場合や，制度上，中期計画の策定が求められている地方独立行政法人の場合には，新ガイドラインに不足している部分を追加または別途策定することで足りるとされています。

なお，2014（平成26）年８月29日付で総務省から発出された「公営企業の経営に当たっての留意事項について」に基づく経営戦略の策定の要請との関係については，病院事業にあっては新改革プランの策定をもって経営戦略の策定として取り扱うとされています。

## （2）新公立病院改革プランの策定時期と対象期間

新改革プランは，各都道府県が策定する地域医療構想と整合性を図り，2015（平成27）年度または2016（平成28）年度中に策定し，策定年度あるいはその次年度から2020（平成32）年度までの期間を対象期間とすることを標準としています。

## （3）新公立病院改革プラン策定における各都道府県の役割・責任

### ①　地域医療構想の実現に向けた各都道府県の役割・責任

地域医療構想の策定や実現に向けた取り組みのなかで，複数の市町村が関係する再編や，公的病院・民間病院等との再編も想定されます。

新ガイドラインでは，各都道府県は自らの公立病院に係る新改革プランとは別に，管内市町村の新改革プランの策定や，管内市町村が再編・ネットワーク化に係る計画を策定する際には，各都道府県の市町村担当部局と医療担当部局とが連携し，積極的に策定に参画するとともに，適切に助言すべきであるとされています。

### ② 管内公立病院の施設の新設・建替等を行う場合の各都道府県の役割・責任

従来から，各都道府県は管内公立病院施設の新設・建替等にあたっては，公営企業債の協議等を通じて収支見通し等について助言してきました。

新ガイドラインでは，これに加えて，地域医療構想を含む医療計画の達成等に関する助言の観点からも，管内公立病院施設の新設・建替等にあたっては，各都道府県の市町村担当部局と医療担当部局が一体となって，当該公立病院の機能・役割分担，統合・再編の在り方，適切な規模，医師確保の方策，収支見通し等について十分に検討すべきであるとされています。

## （4）新公立病院改革プラン実施状況の点検・評価・公表・見直し

### ① 地方公共団体の点検・評価・公表・見直し

新ガイドラインでは，各地方公共団体は，新改革プランを策定後，住民にすみやかに公表するとともに，その実施状況についても，おおむね年1回以上点検・評価して積極的に公表することとしています。

また，点検・評価の過程においては，たとえば有識者や地域住民等の参加を得て設置した委員会等に諮問するなどにより，評価の客観性を確保する必要がある旨や，単なる財務内容の改善に係る数値目標の達成状況のみならず，たとえば，当該病院の医師，看護師等が参加し，医療機能の発揮の状況等についても併せて評価することが望ましい旨も記載されています。

なお，新ガイドラインでは，点検・評価の結果，新改革プランに掲げた数値目標の達成が著しく困難である場合には，抜本的な見直しを含めて新改革プランの改定を行うことが適当である旨も記載されています。したがって，新改革プラン策定にあたり，実現可能性を考慮した十分な検討が必要であると考えられます。

### ② 総務省の点検・評価・公表

新ガイドラインでは，関係地方公共団体の協力を得て，総務省も新改革プランの策定状況および実施状況をおおむね年1回以上全国調査し，その結果を公表する旨が記載されています。

また，2015（平成27）年10月16日付で総務省自治財政局準公営企業室から新公立病院改革ガイドラインのQ＆Aを含む事務連絡として「新公立病院改革プラン実施状況調査に用いる調査表様式等の参考送付について」が発出されています。

新改革プランの実施状況は，当該調査表様式に基づいて調査が行われることとなります。

## （5）改革実行のための財政措置と既存の財政措置の見直し

前ガイドラインには，改革実施のための財政措置の記載がありましたが，新ガイドラインには，改革実施のための財政措置に加えて，既存の財政措置の見直しの記載があります。

### ① 改革実施のための財政措置

新ガイドラインでは，新公立病院改革プラン実施に伴い必要となる経費（原則として2015（平成27）年度から2020（平成32）年度までの間に生じるもの）について以下の財政上の支援措置を講じる旨の記載があります。

a．新改革プランの策定に要する経費
b．再編・ネットワーク化に伴う施設・設備の整備等に要する経費
c．再編・ネットワーク化や経営形態の見直し等に伴う精算等に要する経費
　ⅰ）新たな経営主体の設立等に際しての出資に要する経費
　ⅱ）施設の除却等経費

iii）他用途への転用に伴う経費
iv）退職手当の支給に要する経費
d．許可病床削減時の普通交付税算定の特例

## ② 既存の財政措置の見直し

新ガイドラインでは，公立病院に関する既存の地方財政措置について，以下の見直しを行う旨の記載があります。たとえば，以下の「b．病床数に応じた地方交付税算定の見直し」のなかでは病床数に応じた地方交付税措置について，算定の基礎を許可病床数から稼働病床数に変更する旨の記載もあります。

a．施設の新設・建替等を行う場合の地方交付税措置の見直し
b．病床数に応じた地方交付税算定の見直し
c．公立病院に関する地方財政措置の重点化
i）病院施設の整備費に係る措置
ii）不採算地区病院に対する措置
iii）公立病院に対する特別交付税措置の重点化
d．公的病院等に対する措置

## 公立病院改革プラン実施状況等の調査

前公立病院改革プランの実施状況等は調査結果が公表されています。公表内容のなかには，経常収支が赤字の病院の名称や，病院の統合・再編などに取り組んでいる事例，経営形態の見直しを実施した病院や見直し予定の病院等も含まれています。

新公立病院改革プランの実施状況等の調査も，引き続き，2020（平成32）年度分までさまざまな形で公表されると考えられます。

#  新公立病院改革プランに記載すべき内容

2007（平成19）年に発出された前ガイドラインでは，「経営効率化」，「再編・ネットワーク化」，「経営形態の見直し」の3つの視点に立った改革を進めることとされ，地方公共団体が策定する前改革プランにも当該3つの視点を記載することとされていました。

一方，2015（平成27）年度末までに策定されることが望ましいとされる地域医療構想は，構想区域の医療提供体制の将来の目指すべき姿を明らかにするものであり，各公立病院の果たすべき役割もこの地域医療構想を踏まえる必要があります。したがって，新ガイドラインは前述の3つの視点に加えて，「地域医療構想を踏まえた役割の明確化」を加えた4つの視点に立って改革を進めることとされており，地方公共団体が策定する新改革プランにも当該4つの視点を記載することとされています。

| 1地域医療構想を踏まえた役割の明確化 | 2経営効率化 |
|---|---|
| 3再編・ネットワーク化 | 4経営形態の見直し |

## （1）地域医療構想を踏まえた役割の記載

公立病院に期待される主な役割としては，以下をあげることができます。

①へき地医療
　山間へき地・離島等，民間医療機関の立地が困難な過疎地等における一般医療の提供
②不採算医療
　救急・小児・周産期・災害・精神等，不採算・特殊部門の医療提供
③高度・先進医療

県立がんセンター・県立循環器病センター等，地域の民間医療機関では限界のある高度・先進医療の提供
④医師の派遣
研修の実施等を含む広域的な医師派遣の拠点　等

今般，地域医療構想策定を踏まえ，各公立病院は改めて構想区域のなかで役割を精査する必要があり，新ガイドラインでは，地域医療構想の視点として，以下の４点を新改革プランに記載すべきとされています。

①地域医療構想を踏まえた役割の記載
②地域包括ケアシステムの構築に向けた役割の記載
③地域医療構想を踏まえた一般会計負担の考え方の記載
④地域医療構想を踏まえた医療機能等指標に係る数値目標の記載

なお，役割の精査においては住民の理解が不可欠です。新ガイドラインでは，各々の病院があらゆる機能を持とうとしても医療スタッフを確保できないばかりか，適切な勤務環境が確保されず，「結果的に地域全体として適切な医療が提供されなくなる」ということを住民が理解するための取り組みが必要であるとされています。

### ① 地域医療構想を踏まえた役割の記載

新ガイドラインでは，各公立病院は地域医療構想と整合性のとれた形で，将来の病床機能の在り方を示すなどの具体的な将来像を示さなければならないとされています。

なお，地域医療構想における推計年は2025（平成37）年であることから，当該公立病院の具体的な将来像とは2025（平成37）年における将来像をいい，新改革プランの標準対象期間である2020（平成32）年度までの取り組みは，この将来像の実現に資するものとする必要があります。

したがって，より効果的な新改革プランを策定するためには，いったん

2025（平成37）年度までのプランを策定し，2020（平成32）年度までのプランを精緻化することが望ましいと考えます。

**図表１−５　地域医療構想を踏まえた効果的な新改革プランの策定**

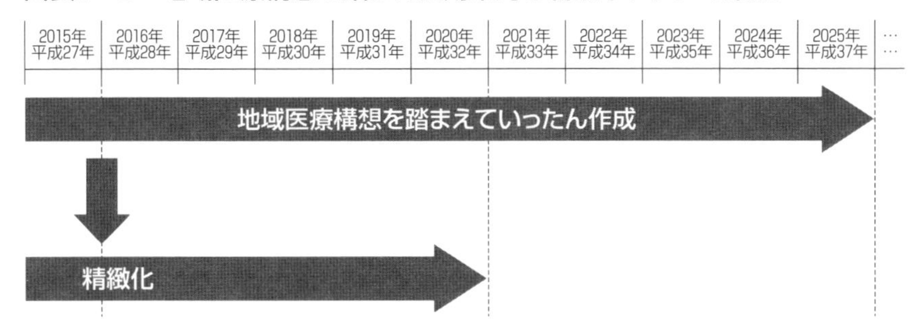


## ②　地域包括ケアシステムの構築に向けた役割の記載

医療介護総合確保推進法では，その目的の１つに地域包括ケアシステムの構築を掲げています。地域包括ケアシステムとは，「地域の実情に応じて，高齢者が，可能な限り，住み慣れた地域でその有する能力に応じ自立した日常生活を営むことができるよう，医療，介護，介護予防，住まい及び自立した日常生活の支援が包括的に確保される体制」（同法第２条第１項）をいい，医療と介護等が総合的に確保されることを求めています。

新ガイドラインでは，地域包括ケアシステム構築のため，中小規模の公立病院と大規模病院に分けて，たとえば以下を記載することとされています。

ａ．中小規模の公立病院
　ⅰ）在宅医療に関する当該公立病院の役割
　ⅱ）住民の健康づくりの強化に当たっての具体的な機能　等
ｂ．大規模病院等
　ⅰ）緊急時の後方病床の確保
　ⅱ）人材育成　等

### ③ 地域医療構想を踏まえた一般会計負担の考え方の記載

公立病院は，地方公営企業として運営される以上，独立採算が原則です。

一方，地方公営企業法第17条の2では，一定の経費については，一般会計等において負担するものとされています。

地方公営企業法

（経費の負担の原則）
第十七条の二
次に掲げる地方公営企業の経費で政令で定めるものは，地方公共団体の一般会計又は他の特別会計において，出資，長期の貸付け，負担金の支出その他の方法により負担するものとする。

一 その性質上当該地方公営企業の経営に伴う収入をもつて充てることが適当でない経費
二 当該地方公営企業の性質上能率的な経営を行なつてもなおその経営に伴う収入のみをもつて充てることが客観的に困難であると認められる経費

2 地方公営企業の特別会計においては，その経費は，前項の規定により地方公共団体の一般会計又は他の特別会計において負担するものを除き，当該地方公営企業の経営に伴う収入をもつて充てなければならない。

したがって，新ガイドラインでは，新改革プランを策定する前提として，当該公立病院が地域医療構想を踏まえた役割を明らかにし，これに対応して一般会計が負担すべき経費の範囲の考え方および一般会計等負担金の算定基準（繰出基準）を記載することとされています。

### ④ 地域医療構想を踏まえた医療機能等指標に係る数値目標の記載

新ガイドラインでは，地域医療構想を踏まえ，その果たすべき役割に沿った医療機能を十分に発揮しているかを検証する観点から，以下の例示を踏まえた適切な医療機能等指標について数値目標を設定し，新改革プランに記載することとされています。

a．医療機能・医療品質に係るもの
　救急患者数，手術件数，臨床研修医の受入件数，医師派遣等件数，紹介率・逆紹介率，訪問診療・看護件数，在宅復帰率，リハビリ件数，分娩件数，クリニカルパス件数 等
b．その他
　患者満足度，健康・医療相談件数 等

## （2）経営の効率化の記載

経営の効率化は，医療の提供体制確保よりも優先すべきものではありませんが，将来にわたり良質な医療を永続的に提供していくためには避けてとおれないものです。

この項では，新ガイドラインの記載を中心に解説しますが，経営の効率化についてのより具体的な方策等については，「第7章 経営改革を支援する管理会計」を参照してください。

### ①　経営指標と数値目標の記載

新改革プランに記載する経営指標については，全国の公立病院，民間病院等の状況も参考にしつつ，原則として，個々の病院単位を基本として新改革プラン対象期間末時点における経営指標と数値目標を記載することとされています。

またこの場合，経常収支比率および医業収支比率の2つの経営指標は必ず数値目標を設定するとともに，その他の指標についても，以下の例示を踏まえ，課題解決の手段としてふさわしい経営指標と数値目標を定めることとされています。

a．収支改善に係るもの

ⅰ）経常収支比率，ⅱ）医業収支比率，ⅲ）修正医業収支比率，ⅳ）不良債務比率，ⅴ）資金不足比率，ⅵ）累積欠損金比率 等

b．経費削減に係るもの

ⅰ）材料費・薬品費・委託費・職員給与費・減価償却費などの対医業収益比率，ⅱ）医薬材料費の一括購入による○％削減，ⅲ）100 床当たり職員数，ⅳ）後発医薬品の使用割合 等

c．収入確保に係るもの

ⅰ）１日当たり入院・外来患者数，ⅱ）入院・外来患者１人１日当たり診療収入，ⅲ）医師（看護師）１人当たり入院・外来診療収入，ⅳ）病床利用率，ⅴ）平均在院日数，ⅵ）DPC機能評価係数など診療報酬に関する指標 等

d．経営の安定性に係るもの

ⅰ）医師数，ⅱ）純資産の額，ⅲ）現金保有残高，ⅳ）企業債残高 等

個々の病院単位での新改革プランの実施状況は，前改革プランと同様，各地方公共団体が点検・評価し，総務省も調査するとともにその結果を公表することとなります。したがって，新ガイドラインの例示を安易に選択するのではなく，自院として効果的にPDCAサイクルで回すことができる経営指標や数値目標を十分に検討して選択する必要があります。

なお，指定管理者制度導入団体にあっては，指定管理者への財政支出の水準や，指定管理者から関係地方公共団体に提出された運営計画等をもって，数値目標や具体的取組に代えることも可能であるとされています。

**図表１−６　経営指標と数値目標の設定**

| ・経常収支比率 |
|---|
| ・医業収支比率 |

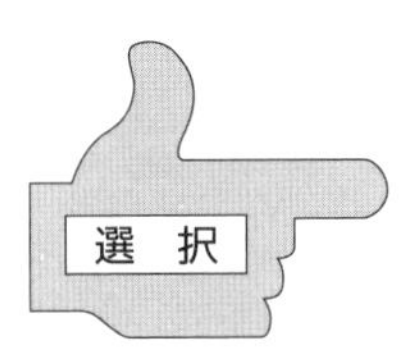


| その他の例示 |
|---|
| ・職員給与費の対医業収益比率 |
| ・医薬材料費の一括購入による○％削減 |
| ・後発医薬品の使用割合 |
| ・１日当たり入院・外来患者数 |
| ・病床利用率 |
| ・医師数 |
| ： |

## 職員給与費対医業収益比率と病床利用率

前ガイドラインでは，経常収支比率・職員給与費対医業収益比率および病床利用率については必ず数値目標を設定することとされていました。

一方，新ガイドラインでは，職員給与費対医業収益比率および病床利用率は必須設定目標からは外れ，経常収支比率と医業収支比率が必須設定目標となりました。

この点につき，新公立病院改革ガイドラインQ&AのQ27において，職員給与費対医業収益比率については，職員給与費から委託費等へ経費がシフトしていること，病床利用率については，平均在院日数との関係から必ずしもこの向上が最善とはいえないことがあげられています。

なお，医業収支比率については，経常収支比率と併せて分析することが効果的であるとされています。

## 図表1－7　経営効率化にかかる目標数値例

（主な経営指標にかかる全国平均値の状況：平成25年度）

| | | 経常収支比率 | 医業収支比率 | 職員給与費対医業収益 | 材料費対医業収益 | うち薬品費対医業収益 | 減価償却費対医業収益 | 委託料対医業収益 | 病床利用率 | | |
|---|---|---|---|---|---|---|---|---|---|---|---|
| | | | | | | | | | 計 | うち一般 | うち療養 |
| 計 | 民間病院 | 103.5% | 103.3% | 53.5% | 22.2% | 12.1% | 4.5% | 6.4% | 76.2% | － | － |
| | 公的病院〔自治体以外〕 | 100.0% | 100.0% | 51.6% | 27.0% | 17.2% | 6.0% | 6.3% | 75.6% | － | － |
| | 公立病院〔黒字病院〕 | 103.3% | 98.2% | 48.8% | 24.4% | 12.5% | 6.7% | 9.4% | 77.6% | 79.2% | 78.1% |
| | 公立病院〔上位1/2〕 | 103.1% | 97.8% | 49.2% | 24.3% | 12.4% | 6.7% | 9.6% | 77.5% | 79.1% | 77.3% |
| | 公立病院〔一般病院全体〕 | 99.8% | 93.8% | 51.9% | 23.6% | 12.0% | 7.3% | 9.8% | 73.7% | 75.0% | 76.3% |
| 500床以上 | 民間病院 | 101.4% | 100.6% | 50.7% | 27.2% | 15.5% | 5.6% | 6.4% | 71.7% | － | － |
| | 公的病院〔自治体以外〕 | 101.7% | 101.5% | 49.5% | 29.0% | 18.5% | 6.0% | 6.1% | 76.3% | － | － |
| | 公立病院〔黒字病院〕 | 103.4% | 99.1% | 46.3% | 26.6% | 13.5% | 7.0% | 10.1% | 81.2% | 83.3% | － |
| | 公立病院〔上位1/2〕 | 104.6% | 100.6% | 45.5% | 27.0% | 13.9% | 6.9% | 9.4% | 81.9% | 84.2% | － |
| | 公立病院〔一般病院全体〕 | 101.7% | 97.1% | 47.7% | 26.2% | 13.2% | 7.4% | 10.4% | 80.3% | 82.4% | 62.8% |
| 400床以上500床未満 | 民間病院 | 117.4% | 117.3% | 48.1% | 18.7% | 9.4% | 2.6% | 5.9% | 78.4% | － | － |
| | 公的病院〔自治体以外〕 | 100.6% | 100.6% | 51.0% | 25.7% | 15.2% | 5.9% | 6.5% | 76.6% | － | － |
| | 公立病院〔黒字病院〕 | 103.5% | 100.2% | 48.2% | 23.7% | 12.4% | 6.1% | 8.1% | 78.7% | 79.8% | 96.7% |
| | 公立病院〔上位1/2〕 | 103.8% | 100.9% | 47.7% | 23.6% | 12.4% | 6.2% | 8.1% | 79.8% | 80.6% | 96.7% |
| | 公立病院〔一般病院全体〕 | 100.3% | 96.4% | 51.5% | 23.8% | 12.0% | 6.8% | 8.5% | 76.0% | 77.4% | 89.7% |
| 300床以上400床未満 | 民間病院 | 98.9% | 99.3% | 56.2% | 23.6% | 12.9% | 4.5% | 7.0% | 69.8% | － | － |
| | 公的病院〔自治体以外〕 | 98.1% | 98.7% | 53.6% | 25.1% | 16.0% | 6.4% | 6.7% | 74.7% | － | － |
| | 公立病院〔黒字病院〕 | 103.0% | 99.2% | 51.4% | 23.5% | 11.3% | 6.0% | 8.9% | 75.1% | 76.8% | 72.4% |
| | 公立病院〔上位1/2〕 | 103.0% | 99.1% | 51.5% | 23.5% | 11.3% | 6.0% | 8.9% | 74.8% | 76.5% | 72.4% |
| | 公立病院〔一般病院全体〕 | 98.9% | 93.5% | 53.7% | 23.2% | 11.3% | 7.2% | 9.9% | 70.5% | 72.3% | 62.2% |
| 200床以上300床未満 | 民間病院 | 103.6% | 103.7% | 55.4% | 22.0% | 10.6% | 4.7% | 6.2% | 78.9% | － | － |
| | 公的病院〔自治体以外〕 | 94.9% | 94.8% | 56.7% | 25.8% | 17.3% | 5.8% | 6.1% | 69.4% | － | － |
| | 公立病院〔黒字病院〕 | 103.6% | 97.9% | 52.0% | 19.4% | 10.4% | 7.3% | 8.4% | 74.3% | 74.6% | 85.9% |
| | 公立病院〔上位1/2〕 | 102.7% | 97.6% | 52.0% | 20.4% | 10.1% | 7.1% | 8.5% | 74.5% | 75.0% | 85.8% |
| | 公立病院〔一般病院全体〕 | 98.0% | 91.8% | 55.3% | 20.8% | 10.6% | 7.0% | 9.3% | 69.2% | 69.4% | 82.3% |
| 100床以上200床未満 | 民間病院 | 102.4% | 102.2% | 58.2% | 15.2% | 8.6% | 4.3% | 7.1% | 81.9% | － | － |
| | 公的病院〔自治体以外〕 | 97.2% | 97.3% | 57.4% | 23.5% | 16.8% | 5.6% | 5.9% | 76.4% | － | － |
| | 公立病院〔黒字病院〕 | 102.8% | 92.0% | 52.8% | 19.0% | 10.8% | 6.6% | 8.5% | 73.4% | 71.6% | 81.3% |
| | 公立病院〔上位1/2〕 | 101.5% | 91.6% | 54.6% | 19.2% | 10.6% | 6.9% | 8.9% | 72.8% | 71.7% | 80.8% |
| | 公立病院〔一般病院全体〕 | 96.2% | 86.9% | 57.0% | 18.3% | 10.1% | 8.0% | 9.7% | 68.5% | 67.2% | 79.0% |
| 50床以上100床未満 | 民間病院 | 103.0% | 102.6% | 58.5% | 17.8% | 11.9% | 4.6% | 6.7% | 71.0% | － | － |
| | 公的病院〔自治体以外〕 | 89.2% | 87.9% | 68.0% | 22.0% | 18.8% | 4.1% | 7.3% | 74.8% | － | － |
| | 公立病院〔黒字病院〕 | 103.0% | 85.1% | 61.7% | 18.9% | 12.2% | 7.0% | 10.7% | 67.5% | 68.1% | 69.5% |
| | 公立病院〔上位1/2〕 | 102.3% | 84.7% | 60.4% | 18.6% | 12.1% | 7.1% | 10.9% | 67.9% | 68.3% | 70.0% |
| | 公立病院〔一般病院全体〕 | 97.7% | 82.2% | 63.4% | 19.0% | 12.5% | 8.0% | 10.5% | 68.5% | 67.7% | 72.9% |
| 50床未満 | 民間病院 | 103.0% | 102.6% | 58.5% | 17.8% | 11.9% | 4.6% | 6.7% | 71.0% | － | － |
| | 公的病院〔自治体以外〕 | 89.2% | 87.9% | 68.0% | 22.0% | 18.8% | 4.1% | 7.3% | 74.8% | － | － |
| | 公立病院〔黒字病院〕 | 105.5% | 77.2% | 73.5% | 19.1% | 13.2% | 5.9% | 11.5% | 66.1% | 64.1% | 79.4% |
| | 公立病院〔上位1/2〕 | 105.1% | 76.8% | 73.0% | 20.6% | 14.6% | 5.9% | 11.2% | 66.4% | 64.9% | 77.4% |
| | 公立病院〔一般病院全体〕 | 98.7% | 71.9% | 75.5% | 19.3% | 13.1% | 7.0% | 11.2% | 65.6% | 64.4% | 72.6% |

（注）1．民間病院の数値は，全国公私病院連盟による「病院経営実態調査報告」（平成25年６月調査）及び「病院経営分析調査報告」（平成25年６月調査）に基づく平均値である。
2．「公立病院」の数値は，総務省による「平成25年度地方公営企業決算状況調査」に基づく平均値である。
3．「公立病院（上位1/2）」は，各病床規模区分の公立病院において経常収支比率が上位1/2にある病院の平均値である。
4．民間病院の「500床以上」は，全国公私病院連盟調査における「500～599床」，「600～699床」及び「700床以上」各階級の集計数値の単純平均，「50床以上100床未満」と「50床未満」は，それぞれ全国公私病院連盟調査における「99床以下」で集計した数値である。
5．民間病院等の数値については，注1に記載の調査報告以外にも，たとえば「医療経済実態調査〔医療機関等調査〕報告」〔中央社会保険医療審議会〕など種々あるので参考とされたい。
6．「減価償却費対医業収益」及び「委託料対医業収益」は指定管理者制度を導入している病院を除いて算出している。
出所：総務省（2015）「新公立病院改革ガイドライン」資料2，17頁。

## 図表１－８　経営効率化にかかる目標数値例（不採算地区病院分）

（主な経営指標にかかる全国平均値の状況：平成25年度）

| | | 経常収支比率 | 医業収支比率 | 職員給与費対医業収益 | 材料費対医業収益 | うち薬品費対医業収益 | 減価償却費対医業収益 | 委託料対医業収益 | 病床利用率 | | |
|---|---|---|---|---|---|---|---|---|---|---|---|
| | | | | | | | | | 計 | うち一般 | うち療養 |
| 計 | 公立病院（黒字病院） | 103.2% | 85.8% | 60.7% | 18.4% | 12.0% | 6.8% | 10.2% | 72.1% | 72.0% | 74.5% |
| | 公立病院（上位1/2） | 102.5% | 86.1% | 60.1% | 18.4% | 11.9% | 6.8% | 10.2% | 72.0% | 71.6% | 74.7% |
| | 公立病院（一般病院全体） | 96.8% | 82.0% | 63.0% | 19.0% | 12.1% | 7.9% | 10.3% | 69.4% | 68.2% | 74.6% |
| 100床以上150床未満 | 公立病院（黒字病院） | 103.1% | 93.7% | 51.1% | 18.8% | 12.5% | 6.0% | 8.2% | 80.9% | 81.7% | 81.6% |
| | 公立病院（上位1/2） | 101.5% | 92.5% | 53.1% | 19.2% | 12.4% | 6.2% | 8.7% | 78.0% | 78.2% | 79.6% |
| | 公立病院（一般病院全体） | 94.9% | 85.2% | 58.1% | 19.1% | 11.7% | 7.7% | 9.7% | 71.7% | 70.4% | 77.7% |
| 50床以上100床未満 | 公立病院（黒字病院） | 102.7% | 84.1% | 62.6% | 18.6% | 12.2% | 7.4% | 11.1% | 68.5% | 69.3% | 69.0% |
| | 公立病院（上位1/2） | 102.2% | 84.3% | 61.9% | 18.7% | 12.3% | 7.2% | 11.0% | 68.8% | 69.4% | 69.4% |
| | 公立病院（一般病院全体） | 97.8% | 81.7% | 64.0% | 18.9% | 12.3% | 8.2% | 10.7% | 68.5% | 67.5% | 72.4% |
| 50床未満 | 公立病院（黒字病院） | 105.3% | 75.1% | 78.1% | 16.5% | 10.2% | 6.6% | 11.5% | 67.4% | 64.5% | 92.0% |
| | 公立病院（上位1/2） | 105.3% | 75.1% | 78.1% | 16.5% | 10.2% | 6.6% | 11.5% | 67.4% | 64.5% | 92.0% |
| | 公立病院（一般病院全体） | 99.2% | 72.3% | 77.1% | 18.9% | 12.6% | 7.2% | 11.0% | 66.1% | 64.4% | 76.6% |

（注）1．公立病院は，地方公営企業として運営する病院及び公営企業型地方独立行政法人が運営する病院である。
2．不採算地区病院とは，その有する病床数が主として一般病床又は療養病床である病院のうち主として理学療法又は作業療法を行う病院以外の病院及び当該病院の施設が主として児童福祉施設である病院以外の病院（以下「一般病院」という。）で，以下の要件を満たすものをいう（第２種については平成27年度以降の要件）。
1）病床数が150床未満であり，直近の一般病院までの移動距離が15キロメートル以上となる位置に所在している一般病院であること（第１種該当）。
2）病床数が150床未満であり，直近の国勢調査に基づく，当該公立病院の半径5km内人口が原則として３万人未満の一般病院であること（第２種該当）。
3．「公立病院（上位1/2）」は，各病床規模区分の公立病院において経常収支比率が上位1/2にある病院の平均値である。
4．「減価償却費対医業収益」及び「委託料対医業収益」は指定管理者制度を導入している病院を除いて算出している。
5．本表は，「平成25年度地方公営企業決算状況調査」の対象病院で，注２の要件に該当する見込みの病院の集計である。
出所：総務省（2015）「新公立病院改革ガイドライン」資料3，18頁。

## ② 経常収支比率の黒字化について

公立病院が，地域の医療提供体制のなかで適切な役割を果たし，永続的に良質な医療を提供していくためには，「一般会計から所定の繰出が行われるならば『経常黒字』となる水準」を早期に達成し，これを維持する必要があります。

## 図表１－９　経常黒字化のイメージ

収入 － 支出 ＝ 経常赤字

収入 － 支出 ＋ 所定の繰出 ＝ 経常黒字　⇒　永続的な医療提供

このため新改革プランでは，公立病院が担っている不採算医療等を提供する役割を確保しつつ，対象期間中に経常黒字化（すなわち経常収支比率が100％以上）する数値目標を定めるべきであり，仮にそれが著しく困難な場合には，経常黒字化を目指す時期およびその道筋を明らかにすべきとされています。また，以下の２点に留意すべき旨の記載もあります。

a．一つの経営主体が複数の病院を持ち，基幹病院とサテライト病院のように機能を補完しながら一体的に運営していると認められる場合
　複数の病院を合わせて経常黒字化の数値目標をつくることができる。

b．2014（平成26）年度から適用された新会計基準により，過去分の退職給付引当金を複数年にわたり経常費用に計上することで経常収支に与える影響が一時的に著しく大きくなる場合
　経過的な取扱いとして，注記した上で過去分の退職給付引当金を除いて経常黒字化の数値目標をつくることができる。

### ③ 目標達成に向けた具体的な取組の記載

新改革プランには，数値目標の達成に向けて，民間的経営手法の導入，事業規模・事業形態の見直し，経費削減・抑制対策，収入増加・確保対策などについて，具体的にどのような取組をどの時期に行うかを記載すべきこととされています。

なお，新ガイドラインには，参考として前ガイドライン点検時の各病院の取組例も記載されています。

**図表１－10　経営の効率化の数値目標達成に向けた具体的な取組例**

| | |
|---|---|
| ① | 医師，看護師の確保 |
| ② | 患者サービスの向上 |
| ③ | 未収金の管理強化 |
| ④ | 医療機能に見合った診療報酬の確保 |
| ⑤ | 紹介率，逆紹介率の向上 |
| ⑥ | 職員の経営意識向上のための研修等の実施 |
| ⑦ | 人材確保のための勤務環境の整備 |
| ⑧ | 薬剤，医療材料等の一括購入 |
| ⑨ | 長期契約の導入 |
| ⑩ | 競争入札の導入 |
| ⑪ | 施設・設備整備費等の抑制 |
| ⑫ | 過剰病床の削減等病床規模の見直し |
| ⑬ | 経営形態の見直し |
| ⑭ | 給与体系の見直し |
| ⑮ | PFI方式，民間委託の活用 |
| ⑯ | 診療科の見直し |
| ⑰ | 経営感覚に富む人材の登用 |
| ⑱ | その他未利用財産の活用 |
| ⑲ | 老人保健施設や診療所への転換 |
| ⑳ | 民間病院と比較可能な財務情報の開示 |

※　本表は，公立病院897病院に対し行った調査結果（平成25年３月末調査）であり，複数回答可とし集計し，回答数の多い20項目を順に並べたもの。
出所：総務省（2015）「新公立病院改革ガイドライン」資料４，19頁。

### ④ 経営の効率化にあたって，特に留意すべき点

新ガイドラインには，経営の効率化にあたって，特に以下の点に留意すべきである旨が記載されています。

a．医師等の人材の確保・育成
b．経営感覚に富む人材の登用及び事務職員の人材開発の強化
c．民間病院との比較
d．施設・設備整備費の抑制等
e．病床利用率が特に低水準である病院における取組

また，各々の項目の詳細は以下のとおりです。

**a．医師等の人材の確保・育成**

i）地域医療支援センターや地域医療介護総合確保基金等を通じた取組とも連携しつつ，職員採用の柔軟化，勤務環境の整備，研修機能の充実など，医師等の医療スタッフを確保するための取組を強化すべき
ii）地域に関心を持つ医師を増やす観点から中小規模の病院も積極的に研修医・医学生等の研修受入れに取り組むことが重要
iii）大規模病院においては，中小病院等への医師派遣や人材育成に関する連携・支援を行うことが重要

**b．経営感覚に富む人材の登用及び事務職員の人材開発の強化**

i）病院事業の経営改革に強い意識を持ち，経営感覚に富む人材を幹部職員に登用（外部からの登用も含む。）すべき
ii）医療経営の専門性の高まりや，医療を巡る環境の急激な変化等を踏まえ，事務職員の人材開発が急務であるため，外部人材の活用，プロパー専門職員の採用，人事管理の中で専門的なスキルをもった職員を計画的に育成する仕組みの構築等の対策が重要

### c．民間病院との比較

民間病院の経営状況に係る統計も参考にしながら，できる限り類似の機能を果たしている民間病院と経営比較を行い，当該公立病院の果たす役割を踏まえつつ，民間病院並みの効率化を目指して取り組むべき

### d．施設・設備整備費の抑制等

ⅰ）新設・建替等にあたっては，公立病院として果たすべき役割を踏まえ必要な機能を確保しつつ，引き続き建築単価の抑制を図るとともに，近年の建設費上昇の動向を踏まえた整備時期の検討，民間病院・公的病院の状況も踏まえた整備面積の精査等により整備費の抑制に取り組むべき
ⅱ）病院施設・設備の整備に際しては，整備費のみならず供用開始後の維持管理費の抑制を図ることも重要
ⅲ）民間事業者のノウハウの活用を図る手法の一つとしてのPFI方式
なお，同方式は契約期間が極めて長期に及ぶことが一般的であり，同方式を検討する場合には，契約期間中の事業環境の変化に対応したリスクに備え，あらかじめ公・民の間で適切なリスク負担のルールを定める等，慎重な準備と調整が求められる。

### e．病床利用率が特に低水準である病院における取組

前ガイドラインにおいては，一般病床及び療養病床の病床利用率がおおむね過去3年間連続して70％未満の病院については，抜本的な見直しを行うことが適当であるとしていた。

依然として3年間連続して70％未満の病院は，新改革プランにおいて，地域の医療提供体制を確保しつつ，病床数の削減，診療所化，再編・ネットワーク化，経営形態の見直しなど，再度抜本的な見直しを検討すべきである。

## ⑤ 新改革プラン対象期間中の各年度の収支計画等の記載

新ガイドラインでは，経営効率化の取組の実施を前提として，新改革プラン対象期間中の各年度の収支計画と目標数値の見通し等を掲げるものとされています。

なお，収支計画は，診療報酬改定等の外部経営環境の変化により影響を受けるため，新改革プラン策定後においても，こうした状況変化を踏まえ必要な見直しを行うことが適当である旨も記載されています。

## (3) 再編・ネットワーク化の記載

### ① 再編・ネットワーク化に係る計画の明記

新改革プランでは，構想区域等の単位で予定される公立病院の再編・ネットワーク化の概要と当該公立病院が講じるべき具体的な措置について，その実施予定時期を含めて記載することとされ，地域医療構想との整合性を図るものとされています。

再編・ネットワーク化は，大学病院による医師派遣が不確実な状況において，医師不足による「共倒れ」を防ぎ，地域医療構想達成の推進を図る観点等から，機能分担により基幹病院に医師を集約し，ネットワーク内の医療機関に医師を派遣するといったシステムを構築することを目標にしています(「新公立病院改革ガイドラインQ&A」Q9，Q41)。

なお，前ガイドラインによる公立病院改革プランに基づき，すでに再編・ネットワーク化に取り組んでいる場合にも，現在の取組状況や成果を検証するとともに，さらなる見直しの必要性について検討することとされています。

**図表1−11　再編・ネットワーク化の目的**

医師派遣の不確実な状況回避

医師不足による共倒れ防止

地域医療構想の達成

再編・ネットワーク化

## ② 取組病院のさらなる拡大

新ガイドラインの資料5には，再編・ネットワーク化検討の参考として，以下のケース（Q41）等，65ケース・162病院（公立病院以外の病院等を含めると189病院が参画）の事例が記載されています。

> 「新公立病院改革ガイドラインQ&A」Q41
> a．(基幹病院・サテライト型)
> 複数の公立病院を，中核的医療を担う基幹病院と日常的な医療を行うサテライト型病院等に再編し，基幹病院の医療機能の充実を図った結果，医師数の増加等につながったケース
> b．(統合型)
> 経営統合により診療科を集約し，休止していた診療科の再開や不足していた診療科の拡充等につながったケース

また，新ガイドラインでは，少なくとも以下の公立病院については，今般の新改革プランの策定のタイミングを捉え，再編・ネットワーク化の必要性について十分な検討を行うべきである旨が記載されています。

> a．施設の新設・建替等を行う予定の公立病院
> b．病床利用率が特に低水準である公立病院(過去3年間連続して70%未満)
> c．地域医療構想等を踏まえ医療機能の見直しを検討することが必要である公立病院

## ③ 再編・ネットワーク化に係る留意事項

新ガイドラインでは，以上のほか，再編・ネットワーク化に係る計画の策定にあたって，特に以下の点に留意すべき旨の記載があります。

> a．二次医療圏等の単位での経営主体の統合の推進
> b．医師派遣等に係る拠点機能を有する病院整備
> c．病院機能の再編成（公的病院，民間病院等との再編を含む）

詳細は，以下のとおりです。

**a．二次医療圏等の単位での経営主体の統合の推進**

二次医療圏や構想区域内の公立病院間の連携を強化し，ネットワーク化の実を上げるためには，これらの公立病院の経営主体を統合し，統一的な経営判断の下，医療資源の適正配分を図ることが望ましい。したがって，再編・ネットワーク化に係る計画には，例えば①関係地方公共団体が共同して新たな経営主体として地方独立行政法人（非公務員型）を設立し，当該法人の下に関係病院・診療所等を経営統合する，②関係地方公共団体が共同して関係病院・診療所の指定管理者として同一の医療法人や公的病院を運営する法人等を指定し，当該法人の下に一体的経営を図る等の方策を盛り込むことが期待される。

なお，一部事務組合方式による場合には，構成団体間の意見集約と事業体としての意思決定を迅速・的確に行うための体制を整備する必要がある。

**b．医師派遣等に係る拠点機能を有する病院整備**

再編・ネットワーク化に係る計画策定に際しては，医師確保対策に資する観点から，基幹病院にその他の病院・診療所に対する医師派遣等の拠点機能が整備されるよう，特に留意すべきである。この場合，地域医療に貢献する大学等との連携が図られることが望ましい。また，必要な場合，二次医療圏等の単位での経営統合に留まらず，医師派遣体制の整備の観点に立って，さらに，広域での経営主体の統合も検討の対象とすることも考えられる。

**c．病院機能の再編成（公的病院，民間病院等との再編を含む）**

地域医療構想は，公立病院だけでなく，公的病院，民間病院を含め，地域の医療提供体制の目指すべき姿を示すものである。したがって，地域医療構想を踏まえて当該公立病院の役割を検討した結果，公的病院，民間病院等との再編が必要になるケースも生じてくると考えられる。

例えば，同一地域に複数の公立病院や国立病院，公的病院等，さらには民間病院が併存し，相互の機能の重複，競合がある場合には，地域医療構想や地域医療構想調整会議等も活用しつつ，他の医療機関との統合・再編や事業譲渡等にも踏み込んだ改革案についても検討の対象とすべきである。また，病院機能の適切な再編成に取り組むとともに，ICTを活用した医療等の情報連携を行うなど，効果的な医療提供の連携体制の構築に配慮することが適当である。

### 地域医療連携推進法人

新ガイドラインに記載はありませんが，2015（平成27）年９月に「地域医療連携推進法人」制度の創設などを盛り込んだ改正医療法が成立しました。

これは，一定の基準を満たした一般社団法人について，都道府県知事が地域医療連携推進法人と認定し，医療法人や介護事業を行う非営利法人等を傘下に置いて，統一的な連携推進方針に基づいて，グループで機能分化や連携を推進しようとするものです。

こうした動きも，医療機関相互の機能の分担および業務の連携・地域医療構想達成の方向性の１つとなっています。

## （4）経営形態の見直しの記載

### ①　経営形態の見直しに係る計画の明記

新改革プランでは，民間的経営手法の導入等の観点から経営形態の見直しについて，新経営形態への移行計画の概要（移行スケジュールを含む）を記載することとされています。

また，前ガイドラインによる公立病院改革プランに基づき，すでに経営形態の見直しに取り組んでいる場合には，現在の取組状況や成果を検証するとともに，さらなる見直しの必要性について検討することとされています。

### ② 経営形態の見直しに係る選択肢と留意事項

新ガイドラインでは，経営形態の見直しに関し，考えられる選択肢として以下の５つが紹介されています。

ａ．地方公営企業法の全部適用
ｂ．地方独立行政法人化（非公務員型）
ｃ．指定管理者制度の導入
ｄ．民間譲渡
ｅ．事業形態の見直し

また，各々の利点および課題などの留意事項として以下が記載されています。

#### ａ．地方公営企業法の全部適用

（経営形態）

地方公営企業法（昭和27年法律第292号）の全部適用は，同法第２条第３項の規定により，病院事業に対し，財務規定等のみならず，同法の規定の全部を適用するもの。

（利点）

事業管理者に対し，人事・予算等に係る権限が付与され，より自律的な経営が可能となることが期待される。

（課題）

地方公営企業法の全部適用については，比較的取り組みやすい反面，経営の自由度拡大の範囲は，地方独立行政法人化に比べて限定的であり，また，制度運用上，事業管理者の実質的な権限と責任の明確化を図らなければ，民間的経営手法の導入が不徹底に終わる可能性がある。

このため，同法の全部適用によって所期の効果が達成されない場合には，地方独立行政法人化など，更なる経営形態の見直しに向け直ちに取り組むことが適当である。

### b．地方独立行政法人化（非公務員型）

（経営形態）

非公務員型の地方独立行政法人化は，地方独立行政法人法の規定に基づき，地方独立行政法人を設立し，経営を譲渡するもの。

（利点）

地方公共団体と別の法人格を有する経営主体に経営が委ねられることにより，地方公共団体が直営で事業を実施する場合に比べ，例えば予算・財務・契約，職員定数・人事などの面でより自律的・弾力的な経営が可能となり，権限と責任の明確化に資することが期待される。

また，これまで実際に地方独立行政法人化した病院において，人事面・財務面での自律性が向上し，経営上の効果を上げているケースが多いことにも留意すべきである。

なお，現在一部事務組合方式により設置されている病院で，構成団体間の意見集約と事業体としての意思決定の迅速・的確性の確保に課題を有している場合にも，地方独立行政法人方式への移行について積極的に検討すべきである。

（課題）

設立団体からの職員派遣は段階的に縮減を図る等，実質的な自律性の確保に配慮することが適当である。

### c．指定管理者制度の導入

（経営形態）

指定管理者制度は，地方自治法（昭和22年法律第67号）第244条の２第３項の規定により，法人その他の団体であって当該普通地方公共団体が指定するものに，公の施設の管理を行わせる制度。

（利点）

民間の医療法人等（日本赤十字社等の公的医療機関，大学病院，社会医療法人等を含む。）を指定管理者として指定することで，民間的な経営手法の導入が期待される。

（課題）

効果を上げるためには，①適切な指定管理者の選定に特に配意すること，②提供されるべき医療の内容，委託料の水準等，指定管理者に係わる諸条件について事前に十分に協議し相互に確認しておくこと，③病院施設の適正な管理が確保されるよう，地方公共団体においても事業報告書の徴取，実地の調査等を通じて，管理の実態を把握し，必要な指示を行うこと等が求められる。

### d．民間譲渡

（課題）

公立病院が担っている医療は採算確保に困難性を伴うものを含むのが一般的であり，こうした医療の提供が引き続き必要な場合には，民間譲渡に当たり相当期間の医療提供の継続を求めるなど，地域医療の確保の面から譲渡条件等について譲渡先との十分な協議が必要である。

### e．事業形態の見直し

（課題）

地域医療構想においては，構想区域における医療需要や病床の機能区分ごとの将来の病床数の必要量が示されることになる。これに加え，介護・福祉サービスの需要動向を十分検証することにより，必要な場合，診療所，老人保健施設など病院事業からの転換を図ることも含め事業形態自体も幅広く見直しの対象とすべきである。

新ガイドラインに記載されている各経営形態の利点や課題等は上記のとおりですが，改めて，地方公営企業法の全部適用・地方独立行政法人・指定管理者制度を，①良質で安全な医療の安定的提供，②効率的な病院経営，③自律性の向上と明確な責任体制の構築のカテゴリーごとに比較した場合は，次の図表1－12のとおりとなります。

### 図表1－12　全部適用・地方独立行政法人・指定管理者制度の比較

①良質で安全な医療の安定的提供

| 視点 | 地方公営企業法の全部適用 | 地方独立行政法人 | 指定管理者制度 |
|---|---|---|---|
| 地方公共団体の責任と関与 | 地方公共団体の組織として，一般会計から繰入金が繰り入れられる。 | 設立団体の長が策定する中期目標に基づき，運営費負担金が交付される。 | 地方公共団体と指定管理者との契約行為（協定）により経営される。 |
| | 地方公共団体の組織として，事業予算を執行する。 | 地方公共団体が設立した法人として，中期目標，中期計画，年度計画に基づき経営される。 | 契約行為（協定）に基づき経営される。 |
| 議会・住民の関与 | 条例の制定改廃，予算の議決，決算の認定および重要案件の議決等により関与する。 | 設立団体の議会は，定款の制定・変更，中期目標・中期計画の議決，評価委員会の条例制定，事業報告の受理等に関与する。 | 指定にあたって管理の基準等を定める条例の制定，管理者指定の議決，利用料金に係る条例の制定等について関与する。 |
| 透明性の確保 | 財務状況を主とした公表が法律により義務付けられている。また，新ガイドラインにより，目標や計画・評価が公表される。 | 法律により，設立団体の長が定めた中期目標，財務諸表，評価委員会による評価結果等の公表が義務付けられている。 | 制度上の義務付けはないが，契約行為（協定）のなかで経営状況の公表等を履行させることは可能である。 |

②効率的な病院経営

| 視点 | 地方公営企業法の全部適用 | 地方独立行政法人 | 指定管理者制度 |
|---|---|---|---|
| 医師・スタッフの確保 | 管理者が職員の任免権を有しているため，条例定数の範囲内で増員等は可能。<br>ただし，定数の変更は議会の承認が必要となる。 | 理事長の判断で人員の確保が可能であり，中・長期的視点に立った計画的人員配置や病院事業に精通した職員の採用・育成が可能となる。<br>一般地方独立行政法人においては，職員は地方公務員法の適用対象から外れ，病院現場に合った柔軟な雇用形態や給与体系の実現が可能となる。したがって，幅広い人材の確保が可能となる。 | 指定管理者と地方公共団体との契約行為（協定）による。 |
| 給与制度 | 給与の支給基準は，生計費，同一・類似の職種の国・他の地方公共団体の職員ならびに民間事業の従事者の給与，当該地方公営企業の経営の状況その他の事情を考慮して定める。 | 経営状況や職員の勤務実績等を反映させた独自の給与体系の導入により，業績や能力に応じた柔軟な制度設計の構築が可能である。 | 指定管理者と地方公共団体との契約行為（協定）による。 |
| 医療機器等の整備 | あらかじめ議会の議決を経て予算を確保する必要がある。さらに入札手続を経る必要があり，整備に時間を要する。<br>また，予算流用の制限等により弾力的な整備を行うことができない。 | 目的積立金がある場合は，法人の判断により医療機器等の整備に利用することができる。 | 地方公営企業と同様の制約が生じる。 |

③自律性の向上と明確な責任体制の構築

| 視点 | 地方公営企業法の全部適用 | 地方独立行政法人 | 指定管理者制度 |
| --- | --- | --- | --- |
| 自律性 | 管理者の実質的な権限は限定的であり，基本的に地方公共団体の方針に基づく。 | 経営に関する権限が理事長に委ねられる。 | 指定管理者と地方公共団体との契約行為（協定）による。 |
| 経営責任の確保 | 業務の執行が適当でないため経営の状況が悪化したと認められる場合等には，地方公共団体の長は管理者を罷免することができる。 | 中期計画期間（3～5年の間）に事務および事業を計画的に行い，効率的かつ効果的な業務運営を実現することを前提としている。この間に業務実績が悪化した場合には，設立団体の長は，理事を解任することができる。 | 契約行為（協定）により経営責任を問うことは可能である。 |

以上が各経営形態の制度比較ですが，参考に，新ガイドライン資料6「経営形態の見直しを行った公立病院の経営状況」を記載します。

## 図表1－13　経営形態見直しを行った公立病院の経営状況

平成21～25年度に地方公営企業法の財務適用から全部適用へ移行した病院※1，地方独立行政法人化した病院※2，指定管理者制度を導入した病院※3の平成20年度決算と平成25年度決算を比較している。

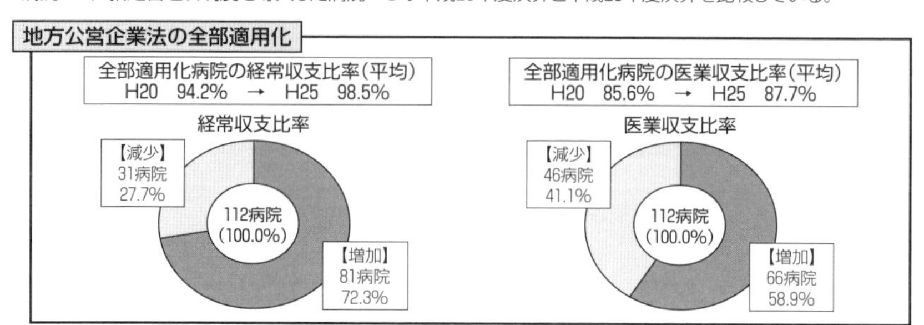


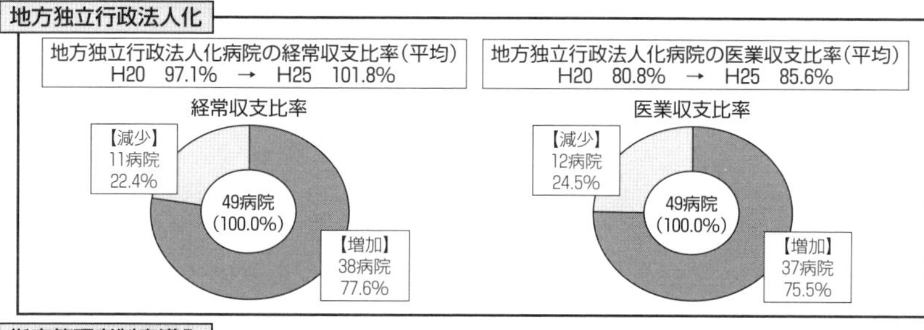


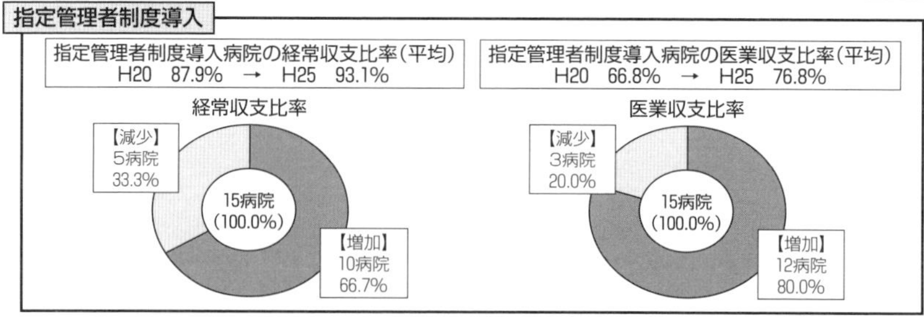


※1：112病院。H25年度末に存在する病院のみ。　※2：49病院。民間病院等から独立化した4病院を除く。
※3：15病院。公的病院から公立病院化した1病院を除く。※4：医業収支比率は他会計負担金等を除いて算出している。

**【参考】経営形態の見直しにより効果があったと回答した病院の割合**

〔『公立病院改革プランの平成24年度実績等について（照会）』（平成25年4月総務省実施）より〕

| 見直し後の経営形態 | 回答数(a) | 経営の自主性 | | 経営の効率化 | |
|---|---|---|---|---|---|
| | | 効果あり回答数(b) | 割合(b/a) | 効果あり回答数(c) | 割合(c/a) |
| 全部適用 | 100 | 76 | 76.0% | 68 | 68.0% |
| 地方独立行政法人 | 48 | 48 | 100.0% | 42 | 87.5% |
| 指定管理者制度 | 15 | — | — | 11 | 73.3% |

※回答数はH21～24年度に経営形態を見直した病院のうち回答のあったものである。自由記載形式のアンケートであるため，回答内容を踏まえて効果あり回答に含めるかどうか判断している。

出所：総務省（2015）「新公立病院改革ガイドライン」資料6，26頁。

# 第2章

# 地方独立行政法人の概要

**公立病院の経営改革に向けた本章のポイント**

・地方独立行政法人制度の趣旨の理解
・公営企業型地方独立行政法人の特徴の把握
・公営企業型地方独立行政法人の設立準備項目の理解

# 1 地方独立行政法人制度の趣旨

地方独立行政法人とは，「住民の生活，地域社会及び地域経済の安定等の公共上の見地からその地域において確実に実施されることが必要な事務及び事業であって，地方公共団体が自ら主体となって直接に実施する必要のないもののうち，民間の主体にゆだねた場合には必ずしも実施されないおそれがあるものと地方公共団体が認めるものを効率的かつ効果的に行わせることを目的として，地方独立行政法人法の定めるところにより地方公共団体が設立する法人をいう」とされています（法２条）。

つまり，地方公共団体が実施する一定の事業について，より弾力的で効率的な事業運営を図ることを主眼として，地方独立行政法人法に基づいて地方公共団体が設立する法人を地方独立行政法人といいます。

地方独立行政法人では，公共性，透明性，自主性を基本理念とし，この基本理念を支えるものとして，①自己責任，②企業会計原則，③ディスクロージャー，④業績給与制，の特徴がみられます。

## ① 自己責任

地方独立行政法人では，設立団体の長が定めた中期目標（３年以上５年以下）に対して，当該中期目標を具体化した中期計画を策定することが求められています。そして，中期計画を単年度ベースにした年度計画を策定し，年度計画に基づいて業務を遂行する必要があります。

また，事業年度終了時および中期目標の期間終了時に，計画の達成度について，評価委員会による評価が求められています。設立団体の長は，評価結果を受けて，地方独立行政法人の組織や業務について見直しを実施することになります。

このように，事業に対する計画策定およびその実行ならびに結果に対して，自己責任が求められています。

### ② 企業会計原則

地方独立行政法人法33条には，「地方独立行政法人の会計は，総務省令で定めるところにより，原則として企業会計原則によるものとする。」旨が定められており，複式簿記による発生主義会計の考え方が採用されています。

なお，本条の総務省令では，地方独立行政法人の性格に応じた特有の会計処理として，地方独立行政法人会計基準が企業会計原則に関する会計処理より優先して適用される旨が規定されています。

### ③ ディスクロージャー

地方独立行政法人の透明性を確保するために，中期目標，中期計画，年度計画，財務諸表等，役員および職員の報酬・給与等に関する支給基準などを公表することが義務付けられています。

### ④ 業績給与制

地方独立行政法人では，事業計画の策定から遂行，事業結果について自己責任が求められており，法人の役職員に対して意欲を高める工夫が必要となります。

そこで，法人の役職員に対する給与等の算定に，法人の業績を反映する仕組を設けることができます。

## 2 地方独立行政法人制度の概要

地方独立行政法人について，その対象業務の範囲，設立手法，業務運営の基本となる事項を定める主な法令等は以下のとおりであり，これらの概要について解説していきます。

- 地方独立行政法人法
- 地方独立行政法人法の施行に伴う関係法律の整備等に関する法律
- 地方独立行政法人法施行令

・地方独立行政法人法の一部の施行期日を定める政令
・地方独立行政法人法等の施行に伴う関係政令の整備に関する政令
・地方独立行政法人法施行規則
・地方独立行政法人の設立，定款の変更および解散認可の基準

## (1) 対象業務の範囲

地方独立行政法人法21条において，地方独立行政法人が実施できる業務は以下に掲げるものに限定されています。

1号　試験研究を行うこと。
2号　大学又は大学及び高等専門学校の設置及び管理を行うこと。
3号　主として事業の経費を当該事業の経営に伴う収入をもって充てる事業で，次に掲げるものを経営すること。
イ　水道事業（簡易水道事業を除く。）
ロ　工業用水道事業
ハ　軌道事業
ニ　自動車運送事業
ホ　鉄道事業
ヘ　電気事業
ト　ガス事業
チ　病院事業
リ　その他政令で定める事業
4号　社会福祉事業を経営すること。
5号　公共的な施設で政令で定めるものの設置及び管理を行うこと（前3号に掲げるものを除く。）。
6号　前各号に掲げる業務に附帯する業務を行うこと。

上記のうち3号に規定する業務を実施する法人が，公営企業型地方独立行政法人と定義されており（法81条），公営企業型地方独立行政法人については，

その業務の実施にあたって独立採算制の原則が採用されています（法85条２項）。なお，公営企業型地方独立行政法人以外の法人については，設立団体の長が必要な財源を措置するものとされています（法42条）。

一般的な公立病院を地方独立行政法人化する場合には，地方独立行政法人法21条３号チ　病院事業を実施することとなるため，公営企業型地方独立行政法人になることが想定されます。

## (2) 設立手法

地方独立行政法人は，その業務を確実に実施するために必要な資本金その他の財産的基礎を有することを求められており（法６条），また，地方公共団体でなければ，地方独立行政法人に出資することはできないとされています（法６条２項）。

地方公共団体が，地方独立行政法人を設立しようとするときは，その議会の議決を経て定款を定め，都道府県または都道府県および都道府県以外の地方公共団体が設立しようとする場合にあっては総務大臣，その他の場合にあっては都道府県知事の認可を受けなければならないものとされ，設立時の認可基準が定められています（法７条）。

## (3) 業務運営の基本となる事項

### ① 定款

地方独立行政法人の定款には，法人の名称，業務範囲等一定の事項を定めなければならないものとされています（法８条）。なお定款事項のうち，特定地方独立行政法人または特定地方独立行政法人以外の地方独立行政法人（一般地方独立行政法人）の別について，定款変更を行う場合には，特定地方独立行政法人を一般地方独立行政法人とする場合のみ行うことができます（法８条３項）。

### ② 業務方法書

地方独立行政法人は，業務開始の際，業務方法書を作成し，設立団体の長の認可を受け，これを公表する必要があります（法22条）。

### ③ 中期目標，中期計画および年度計画

設立団体の長は，議会の議決を経て，３年以上５年以下の期間において，地方独立行政法人が達成すべき業務運営に関する目標（中期目標）を定め，これを当該地方独立行政法人に指示し，公表しなければなりません（法25条）。

地方独立行政法人は，中期目標の指示を受け，当該目標を達成するための計画（中期計画）を作成し，設立団体の長の認可を受けて，公表する必要があります（法26条）。そして，毎事業年度の開始前に，中期計画に基づき，その事業年度の業務運営に関する計画（年度計画）を定め，これを設立団体の長に届け出るとともに，公表しなければならないものとされています（法27条）。

### ④ 役員

地方独立行政法人には，役員として，理事長１人，副理事長，理事および監事を置くものとされています。副理事長に関しては，定款でその役職を置かないことを定めることもできます（法12条）。

理事長は，当該地方独立行政法人が行う事務・事業に関して高度な知識および経験を有する者，その他当該地方独立行政法人が行う事務・事業を適正かつ効率的に運営することができる者のうちから設立団体の長が任命します（法14条１項）。また，監事は，地方独立行政法人の財務管理，経営管理その他業務運営に関し優れた識見を有する者であって，弁護士，公認会計士，税理士その他監査に関する実務に精通しているもののうちから，設立団体の長が任命します（法14条２項）。その他の役員，つまり副理事長，理事については，理事長により任命されます（法14条３項）。

役員の任期は，４年以内において定款に定める期間とされています（法15条）。

### ⑤ 評価委員会

設立団体には，執行機関の附属機関として，地方独立行政法人評価委員会を置く必要があり（法11条１項），地方独立行政法人の業務の実績に関する

評価に関すること等の事務をつかさどるものとされています（法11条2項）。

評価委員会は，地方独立行政法人の各事業年度および中期目標の期間における業務の実績について評価をし，当該地方独立行政法人に対して，その評価結果を通知しなければならず，必要があると認めるときは，業務運営の改善その他の勧告をすることができます。評価結果の通知に係る事項等は，公表しなければならず，設立団体の長を通じて議会に報告されます（法28条）。

また，中期目標期間の終了時には，設立団体の長は，評価委員会の意見を聴き，当該地方独立行政法人の業務を継続させる必要性や組織のあり方やその他組織および業務の全般にわたり検討を行い，その結果に基づき，所要の措置を講ずるものとされています（法31条）。

#### ⑥ 財源措置

設立団体は，地方独立行政法人に対して，その業務の財源に充てるために必要な金額の全部または一部に相当する金額を交付することができます（法42条）。

#### ⑦ 借入および債券発行

地方独立行政法人は，中期計画で定めた限度額の範囲内で，短期借入を行うことができます。なお，民間資金による長期借入および債券の発行は認められておらず，設立団体からの長期借入に限って行うことができます（法41条5項）。

#### ⑧ 財産の処分等

地方独立行政法人は，条例で定める重要な財産を譲渡し，または担保に供しようとするときは，議会の議決を経て，設立団体の長の認可を受けなければなりません（法44条）。

### (4) 地方独立行政法人の分類

地方独立行政法人は実施する業務によって，公営企業型地方独立行政法人または公営企業型以外の地方独立行政法人に分類されますが，このほかにも，法人の役職員の身分や法人設立前の業務実施状況によって，一定の分類がなされています。

• 公営企業型かどうかによる分類

| 分類 | 内容 |
|---|---|
| 公営企業型地方独立行政法人<br>(法81条) | 地方独立行政法人法21条３号に掲げる業務を実施する法人をいう。 |
| 上記以外の地方独立行政法人 | 地方独立行政法人法において明示されていませんが，法21条1号，2号，4号，5号に掲げる業務を実施する法人が想定される。 |

• 法人の役職員の身分による分類

| 分類 | 内容 |
|---|---|
| 特定地方独立行政法人<br>(法２条第２項) | 地方独立行政法人のうち，その業務運営について中立性を特に確保する必要がある等の理由により，法人の役員及び職員に地方公務員の身分を与える旨を定款で定めている法人をいう。<br>ただし，法21条2号に掲げる業務（大学の設置及び管理）を行う法人は対象から除かれている。 |
| 一般地方独立行政法人<br>(法８条第３項，法55条) | 特定地方独立行政法人以外の地方独立行政法人をいう。 |

• 法人設立前の業務の実施状況による分類

| 分類 | 内容 |
|---|---|
| 移行型地方独立行政法人<br>(法59条) | 地方独立行政法人であって，その成立の日の前日において，現に設立団体が行っている業務に相当する業務を，当該地方独立行政法人の成立の日以後行うものをいう。 |
| 上記以外の地方独立行政法人 | 地方独立行政法人法において明示されていませんが，地方独立行政法人を新設する場合などが想定されます。 |

# 3 公営企業型地方独立行政法人の特徴

## (1) 独立採算の原則

地方独立行政法人では，一般的に，利益の獲得を前提とせず，運営費交付金により運営されることが想定されています。

しかし，公営企業型地方独立行政法人の場合は，その事業から自己収入の獲得が見込まれており，原則として独立採算でなければなりません（法85条２項）。ただし，完全な独立採算が求められているわけではなく，経費のうち以下のものについては，設立団体が負担することとされています（法85条１項）。

- その性質上当該公営企業型地方独立行政法人の事業の経営に伴う収入をもって充てることが適当でない経費
- 当該公営企業型地方独立行政法人の性質上能率的な経営を行ってもなおその事業の経営に伴う収入のみをもって充てることが客観的に困難であると認められる経費

上記は，地方公営企業における，いわゆる１号経費・２号経費（地方公営企業法17条の２第１項）と実質的に同様の性質のものと考えられます。

## (2) 公営企業型地方独立行政法人の特例

公営企業型地方独立行政法人では，業務の実施にあたり，住民の生活の安定や地域社会および地域経済の健全な発展に資するように努めるとともに，常に企業の経済性を発揮するように努めなければならないとされています（法81条）。

公営企業型地方独立行政法人については，その事業の特性を考慮して，以下の特例が定められています。

### ① 料金および中期計画に関する特例

地方独立行政法人では，事業に関して料金を徴収するときは，あらかじめその上限を定め，地方議会の議決を経て，設立団体の長の認可を受けなければなりません（法23条１項）。しかし，公営企業型地方独立行政法人では，料金に関する事項は中期計画において定めることとし，地方議会や設立団体の長による関与を当該中期計画の認可のみにとどめています（法83条２項）。

これは，公営企業型地方独立行政法人の自律性の確保の観点から，収益事業における料金の設定や変更に柔軟かつ機動的に対応できるよう配慮されたものと考えられます。

### ② 経営努力認定に関する特例

地方独立行政法人では，利益が生じた場合，前事業年度から繰り越した損失を埋めた残余は原則として積立金として整理する必要があり，設立団体の長の承認を条件として剰余金の使途に充当することができます（法40条１，２項）。しかし，公営企業型地方独立行政法人については，認可された中期計画で定める剰余金の使途に充てる場合には，設立団体の長の承認は不要とされています（法84条）。

公営企業型地方独立行政法人では，その業務の実施にあたっては独立採算制の原則が採用されているため（法85条２項），利益の処分についても法人の意思によって行う余地を認めているものです。

### ③ 債務の負担に関する特例

移行型地方独立行政法人の場合，その業務に関して当該法人の成立前に設立団体が有する権利義務のうち，設立団体の長が定めるものについては，移行型地方独立行政法人に承継されますが，当該業務に関して起債した地方債は承継する義務の対象から除外されています（法66条１項）。しかし，公営企業型地方独立行政法人の場合は，地方債に相当する額の債務を承継し，負担することになります（法86条１項）。

公営企業型地方独立行政法人においては，債権者保護の観点から，設立団体から法人に直接債務を承継させるわけではありませんが，地方債の償還義務は設立団体に残し，地方債相当額を間接的に債務として法人に負担させることで，実質的に地方公営企業と均衡を図っているものと考えられます。

## 4 公営企業型地方独立行政法人設立準備

地方独立行政法人の設立準備のためのスケジュール（例）は，その準備の体制や準備方針により準備期間は変動しますが，15ヶ月の設立準備期間を前提にした場合には，図表2－1のとおりになります。

図表2－1　設立準備のためのスケジュール（例）

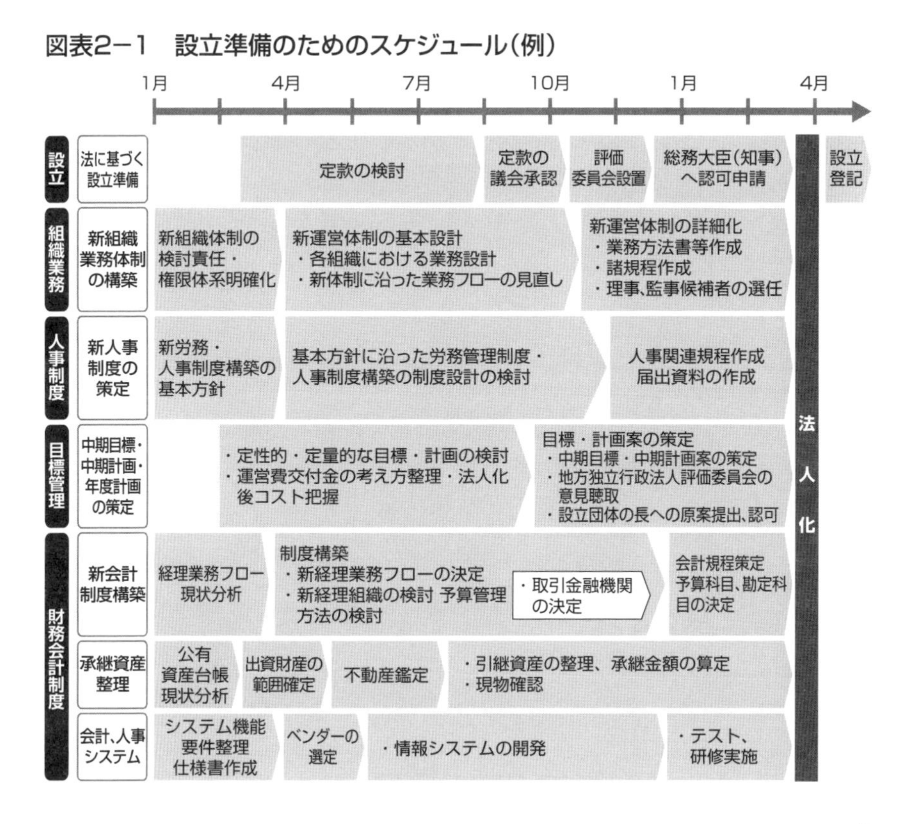

## (1) 地方独立行政法人法に基づく設立準備項目

### ① 定款の作成・議会の議決

地方公共団体は，地方独立行政法人を設立しようとするときは，定款を作成し，設立団体の議会の議決を経る必要があります（法８条）。

**定　款　例（非公務員型の例）**

地方独立行政法人○○病院定款
第１章　総則
（目的）
第１条　この地方独立行政法人は，地方独立行政法人法（平成15年法律第118号。以下「法」という。）に基づき，地域住民に救急医療及び高度医療をはじめとした医療を提供するとともに，地域の医療機関及び市と連携して，住民の健康の維持及び増進に寄与することを目的とする。
（名称）
第２条　この地方独立行政法人は，地方独立行政法人○○病院（以下「法人」という。）と称する。
（設立団体）
第３条　法人の設立団体は，○○とする。
（事務所の所在地）
第４条　法人の事務所の所在地は，○○○○とする。
（法人の種別）
第５条　法人は，特定地方独立行政法人以外の地方独立行政法人とする。
（公告の方法）
第６条　法人の公告は，○○の公報への掲載又はインターネットの利用（以下「掲載等」という。）により行う。但し，天災その他止むを得ない事情で掲載等ができないときは，法人の事務所の掲示場に掲示してその掲載等にかえることができる。

第２章　役員及び職員
（役員）
第７条　法人に，役員として，理事長１人，理事○人以内及び監事○人以内を置く。
（役員の職務及び権限）
第８条　理事長は，法人を代表し，その業務を総理する。
２　理事は，理事長の定めるところにより，理事長を補佐して法人の業務を掌理し，あらかじめ理事長が定める順位により，理事長に事故があるときはその職務を代理し，理事長が欠員のときはその職務を行う。
３　監事は，法人の業務を監査する。
４　監事は，監査の結果に基づき，必要があると認めるときは，理事長又は○○（設立団体）の長に意見を提出することができる。
（役員の任期）
第９条　理事長の任期は４年とし，理事及び監事の任期は２年とする。ただし，補欠の役員の任期は，前任者の残任期間とする。
２　役員は，再任されることができる。
（職員に関する事項）
第10条　職員の職の種類，職務及び任命その他職員に関する事項については，法人の規程で定める。
第３章　理事会
（設置及び構成）
第11条　法人に理事会を置き，理事長及び理事をもって構成する。

（招集）
第12条　理事会は，理事長が必要と認める場合にこれを招集する。
　2　理事長は，理事の３分の１以上又は監事から会議の目的たる事項を記載した書面を付して要求があったときは，理事会を招集しなければならない。
（理事会の議事）
第13条　次に掲げる事項は，理事会の議決を経なければならない。
　(1)　法により市長の認可又は承認を受けなければならない事項
　(2)　年度計画に関する事項
　(3)　予算の作成及び決算に関する事項
　(4)　理事会が定める重要な予算の執行に関する事項
　(5)　診療科その他の重要な組織の設置又は廃止に関する事項
　(6)　規程の制定又は改正若しくは廃止に関する事項。ただし，理事会が定める軽易な改正又は廃止を除く。
(7)　前各号に掲げるもののほか，理事会が定める重要事項
第14条　理事会に議長を置き，理事長をもって充てる。
　2　議長は，理事会を主宰する。
　3　理事会は，理事長及び理事の過半数が出席しなければ開くことができない。
　4　理事会の議事は，出席した理事の過半数をもって決し，可否同数のときは，議長の決するところによる。
　5　監事は，理事会に出席して意見を述べることができる。

第４章　業務の範囲及びその執行
（病院の設置）
第15条　法人が設置し，運営する病院の名称及び所在地は，次のとおりとする。
　○○○○○（呼称）　　○○○○（所在地）
（業務の範囲）
第16条　法人は，第１条の目的を達成するため，次に掲げる業務を行う。
　(1)　医療を提供すること。
　(2)　医療に関する調査及び研究を行うこと。
　(3)　医療に関する従事者の研修を行うこと。
　(4)　人間ドック，健康診断等の予防医療を提供すること。
　(5)　前各号に掲げる業務に附帯する業務を行うこと。
（業務方法書）
第17条　法人の業務の執行に関する事項は，この定款に定めるもののほか，業務方法書に定めるところによる。

第５章　資本金，出資及び資産
（資本金等）
第18条　法人の資本金は，法第67条第１項の規定により○○○（設立団体）から法人に対し出資されたものとされる金額とする。
　2　法第67条第１項に規定する承継される権利に係る財産のうち土地及び建物については，別表に掲げるものとする。
（残余財産の帰属）
第19条　法第92条第２項に規定する残余財産があるときは，当該残余財産は，○○○（設立団体）に帰属する。

第６章　雑則
（規程への委任）
第20条　法人の運営に関し必要な事項は，この定款及び業務方法書に定めるもののほか，法人の規程に定めるところによる。

付　則
　この定款は，法人の成立の日から施行する。

別表（第18条関係）
土地

| 所在地 | ○○○○○○ | 面積 | ○○○（平方メートル） |
|---|---|---|---|

建物

| 施設名　○○ | 所在地　○○○○○ | 延べ床面積　○○○（平方メートル） |
|---|---|---|

### ② 総務大臣あるいは都道府県知事への設立認可申請

地方独立行政法人を設立しようとする場合は，総務大臣あるいは都道府県知事の認可を受けなければならないため，設立認可申請の準備が必要となります。

### ③ 地方独立行政法人評価委員会の設置

設立団体には，地方独立行政法人の業務の実績に関する評価を行うために地方独立行政法人評価委員会の設置が求められています（法11条）。

### ④ 法人設立登記

地方独立行政法人は，その主たる事務所の所在地において設立の登記をすることによって成立します（法９条）。

## (2) 新法人の組織業務体制の構築

### ① 業務方法書の作成・認可

地方独立行政法人は，業務開始の際，法人の業務運営に関して基本的な事項を定めた業務方法書を作成し，設立団体の認可を受ける必要があります（法22条）。

### ② 組織体制の整備

#### a．役員の任命

理事長は，設立団体の長が任命し（法14条１項），副理事長および理事は理事長が任命します（法14条３項）。また，監事は，弁護士，公認会計士，税理士その他監査に関する実務に精通しているもののうちから，設立団体の長が任命します（法14条２項）。

**b．組織体制の整備**

地方独立行政法人の運営にあたっては，運営の責任・権限体系を明確にし，その内容を文書化した規程を整備しなければなりません。したがって，法人設立準備時にはこの責任・権限を体系化した規程の作成が求められます。

## (3) 新人事制度の構築

### ① 労務管理・人事評価制度の構築

法人化により，これまでの地方公共団体の一機関から独立した法人になるため，労務管理においても就業規則など労働基準監督署への届出などが求められることになり，法人設立にあたって必須の準備事項となります。また，任期付職員の採用や，法人職員の採用，さらに，法人独自の人事・評価制度の導入も可能となるため，人事・労務管理制度の構築が必要となります。

### ② 人事・給与システムの構築

地方独立行政法人の労務・人事制度に基づき，人事システムや給与計算システムを構築することが求められます。そのため，法人設立準備段階からシステム構築の準備を進めることが必要となります。

## (4) 中期目標，中期計画，年度計画の策定

中期目標は，設立団体の長が定め，それを受けて地方独立行政法人は中期計画および年度計画を作成し，設立団体の長の認可を受けることが必要となります。中期計画および年度計画では，予算，収支計画，資金計画の作成が求められており，特に，年度計画の予算，収支計画，資金計画は，実績との対比が必要です。もし，計画と実績の乖離が大きい場合には，その理由の説明が求められるため，この点に留意して作成する必要があります。

## (5) 設立団体から地方独立行政法人への財産の承継

地方独立行政法人は，その業務を確実に実施するために必要な資本金その他の財産的基礎を有しなければならず（法6条），設立団体から財産の承継が行われます。

地方独立行政法人へ承継する方法として，出資，無償譲渡（譲与），権利の承継といったスキームを検討する必要があります。出資については，定款への記載事項となります。

実務的な準備として，公有財産台帳をもとに承継資産の実在性を確認し，承継価額を算出するために，不動産鑑定士の鑑定評価を受けることが求められます。

**【主な検討項目】**

- 出資財産（主に土地建物）・譲与資産（物品等）の範囲確定
- 出資財産の時価評価
- 物品の価格評価及び現物確認

## (6) 財務会計制度の構築

### ① 財務会計制度の構築

地方独立行政法人は，従来の地方公共団体の財務に関する規程の適用は受けなくなり，地方独立行政法人独自の規程の構築が求められます。財務会計制度構築のための，主な検討項目には以下のものがあげられます。

**【主な検討項目】**

- 会計業務の現状分析と法人化後の会計業務の構築
  （収入，購買支払，資産管理，資金管理，決算）
- 予算管理制度の構築
- 棚卸資産（医薬品・診療材料等）の受払管理，棚卸，評価方法の検討
- 取引金融機関の選定

### ② 財務会計に係る規程，業務マニュアルの整備

財務会計制度の構築のために検討した結果については，継続的に会計制度

が運用できるように規程および業務マニュアルとして文書化します。業務マニュアルの例としては，下記のものがあげられます。業務マニュアルにおいて，実施すべき業務内容を記述することにより，拠るべき手順が明確になり，業務処理の全体像の把握が可能となります。さらに，担当者の交替による業務の混乱や中断を避けるという効果が期待できます。

**【業務マニュアルの例】**

- 決算マニュアル
- 契約マニュアル
- 出納事務マニュアル

### ③ 財務会計システムの構築

法人化においては，新たな財務会計制度に対応するために財務会計システムの構築が必要となります。具体的な作業内容としては，財務会計システムの基本計画の策定，開発仕様書の作成，情報システム調達，運用テスト，使用者に対する教育等があげられます。

## (7) 事務局の体制の構築

財務会計制度を担う事務局には，①予算，②決算，③経営分析，④購買業務（契約・発注・検収），⑤資産管理業務，⑥収納業務，⑦出納業務などの役割が求められます。

事務局の構築にあたっては，不正防止の観点から権限と責任を明確にする必要があります。たとえば，購買業務の場合，下記のような職務については，内部牽制が働くようにできる限り職務を分離することが望まれます。

①物品などの購入先の選定
②物品などの発注業務
③物品などの納品時の検収
④債務金額を確認して，支払を行う出納業務
⑤財務会計システムに入力される会計伝票の起票の承認とその入力業務

# 5 公営企業型地方独立行政法人の税金関係

地方独立行政法人は，公共的な性格を有しており，さまざまな非課税措置がもうけられています。課税関係については，各税法において規定されており，図表2－2のとおりです。

**図表2－2　地方独立行政法人の課税関係**

| | 税金の種類 | 地方独立行政法人 | 備考 |
|---|---|---|---|
| 国税 | 所得税 | 非課税 | |
| | 法人税 | 非課税 | |
| | 印紙税 | 非課税 | |
| | 登録免許税 | 非課税 | |
| | 消費税（地方消費税も含む） | 課税 | |
| | 利子等に係る源泉所得税 | 非課税 | |
| 地方税 | 住民税 | 非課税★ | |
| | 事業税 | 非課税 | 注1 |
| | 不動産取得税 | 非課税★ | |
| | 固定資産税 | 非課税★（一部を除く） | 注2 |
| | 軽自動車税 | 非課税★ | |
| | 特別土地保有税 | 非課税★ | |
| | 自動車取得税 | 非課税★（公営企業の一部を除く） | |
| | 事業所税 | 非課税★ | |
| | 都市計画税 | 非課税★ | |
| | 水利地益税 | 非課税★ | |
| | 共同施設税 | 非課税★ | |

★の税目は，非課税地方独立行政法人（地方税法25条1項1号）＊に適用されます。

＊移行型地方独立行政法人で，その成立の日の前日において現に設立団体が行っている業務に相当する業務のみを，当該成立の日以後引き続き行うもの。

（注1）事業税は，①付加価値割②資本割③所得割の区分に応じて，税額を計算することになります。
　地方独立行政法人については，③所得割について納税義務者となりますが（地方税法72条の2），特例措置として地方独立行政法人が行う事業については事業税を課さない旨が規定されています（地方税法72条の4）。

（注2）原則非課税ですが，下記のような一定の固定資産については，課税されることになります。（地方税法施行令51条の16の4）
- 他の者が使用しているもの
- 発電所，変電所または送電施設の用に供するもの
- 水道法3条8項に規定する水道施設もしくは工業用水道事業法2条6項に規定する工業用水道施設のうちダム以外のものの用に供する土地または道もしくは工業用水道の用に供するダムの用に供する固定資産で，総務省令で定めるもの

## 公立病院における地方独立行政法人化の効果

旧公立病院改革ガイドラインにおいて経営形態の見直しの一方策として掲げられた地方独立行政法人化ですが，この効果はあったのでしょうか。

地方独立行政法人化した病院または病院群について，法人化後の経常収支をみるとどのような結果となっているでしょうか。地方独立行政法人は中期目標期間において中期計画を策定し，経営改善等に取り組むこととなっています。旧公立病院改革ガイドラインの病院改革プランの策定期間である平成21年度から25年度までに地方独立行政法人化を実施した病院の，中期目標期間における経常収支を調べてみました。その結果，14法人中13法人は経常収支黒字を達成していました。総務省が公表している「公立病院改革プランの実施状況等」において，平成25年度の経常収支黒字の病院の割合は41.4%となっていますので，これに比べると地方独立行政法人化した病院の経営状況は良好といえそうです。

公立病院は地方独立行政法人化によって，どのような点が変化しているのでしょうか。私は，以下の点の影響が大きいと感じます。

①財務諸表等情報公開の幅が広がり，外部の評価も受けること

②人事面で自主的な判断ができ，定数にとらわれず採用ができること

③外部環境分析や原価計算等の経営改善策が実施されていること

このように，病院事業において成果がみられる地方独立行政法人制度ですが，今後もさらに厳しくなる診療報酬改定等に対応して経営改善を実行していく必要があると思われます。

# 第3章

# 目標・計画・評価

**公立病院の経営改革に向けた本章のポイント**

・目標の設定から外部評価を受けるまでの制度趣旨
・中期目標・中期計画の設定方法についての理解
・計画における数値目標の設定方法についての理解

# 1 概要

## (1) 中期目標

設立団体の長は，議会の議決を経て，3年以上5年以下の期間において，地方独立行政法人が達成すべき業務運営に関する目標（中期目標）を定め，これを当該地方独立行政法人に指示し，公表しなければなりません（法25条1項）。

また，この中期目標においては，次に掲げる事項について定めるものとされています（法25条2項）。

| ①設立団体の長が定める中期目標の期間<br>②住民に対して提供するサービスその他の業務の質の向上に関する事項<br>③業務運営の改善及び効率化に関する事項<br>④財務内容の改善に関する事項<br>⑤その他業務運営に関する重要事項 |
|---|

## (2) 中期計画

地方独立行政法人は，中期目標の指示を受け，当該目標を達成するための計画（中期計画）を作成し，設立団体の長の認可を受けて，公表する必要があります（法26条1項）。

また，中期計画においては，次に掲げる事項を定めるものとされています（法26条2項，法83条2項）。

特に，公営企業型地方独立行政法人は83条2項により以下の「⑦料金に関する事項」を定める必要があるため，留意が必要です。

| |
|---|
| ①住民に対して提供するサービスその他の業務の質の向上に関する目標を達成するためとるべき措置<br>②業務運営の改善及び効率化に関する目標を達成するためとるべき措置<br>③予算（人件費の見積りを含む。），収支計画及び資金計画<br>④短期借入金の限度額<br>⑤重要な財産を譲渡し，又は担保に供しようとするときは，その計画<br>⑥剰余金の使途<br>⑦料金に関する事項（←法83条２項）<br>⑧その他設立団体の規則で定める業務運営に関する事項 |

また，設立団体の長は，中期計画の認可をしようとするときは，あらかじめ，評価委員会の意見を聴くとともに（法26条３項），議会の議決を経なければならないとされています（法83条３項）。

## (3) 年度計画

地方独立行政法人は，毎事業年度の開始前に，中期計画に基づき，その事業年度の業務運営に関する計画（年度計画）を定め，これを設立団体の長に届け出るとともに，公表しなければならないものとされています（法27条）。

## (4) 外部評価

### ① 各事業年度に係る評価

地方独立行政法人は，設立団体の規則で定めるところにより，各事業年度における業務の実績について，評価委員会の評価を受けなければならないとされています（法28条１項）。

この評価は，評価委員会が「当該事業年度における中期計画の実施状況」の調査・分析を行い，これらの結果を考慮して当該事業年度における業務の実績の全体について総合的な評定をすることになっています（法28条２項）。

また，評価委員会が評価を行ったときは，遅滞なく当該地方独立行政法人に対して，その評価の結果を通知しなければならず，必要があると認めるときは，業務運営の改善その他の勧告をすることができるとされています（法28条３項)。

さらに，これらの通知は設立団体の長に報告され公表されるとともに（法28条４項)，設立団体の長は，議会に報告することとなります（法28条５項)。

### ② 中期目標期間に係る評価

地方独立行政法人は，中期目標の期間における業務の実値についても，各事業年度に係る評価と同様，評価委員会の評価を受けなければならないとされています（法30条)。

さらに，設立団体の長は，評価委員会の意見を聴き，当該地方独立行政法人の業務を継続させる必要性，組織のあり方その他組織および業務の全般にわたる検討を行い，その結果に基づき，所要の措置を講ずるものとされています（法31条）

## （5）中期目標・中期計画・年度計画・外部評価の関係(PDCAサイクル)

地方独立行政法人においては，国の独立行政法人と同様，目標による管理と評価の仕組みとして，PDCAサイクルによる図表3－1に示すような流れが義務付けられています。

図表3－1　PDCAサイクルの流れ

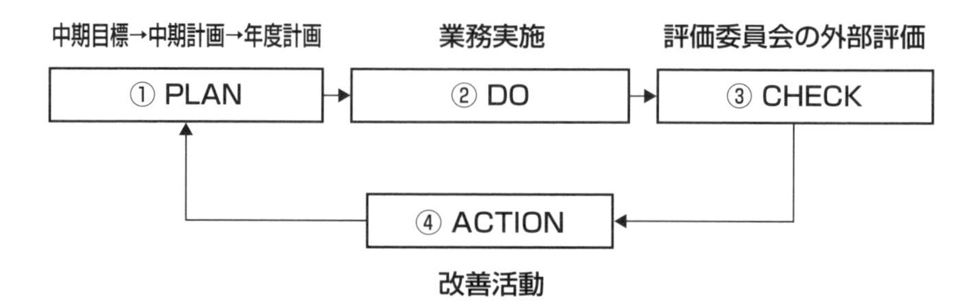

# 2 中期目標策定における留意事項

中期目標は，実務上，定性的な文章により策定されることが多いと考えられますが，法人はこの中期目標に基づき業務を実施することになります。

実行不可能な理想論や抽象的・非現実的・理念的な中期目標が策定されるならば，せっかく法人化しても，かえって業務に支障が生じてしまいます。

したがって，法人が確実に中期目標を達成できるよう，以下の点に留意が必要です。

## （1）制度趣旨を念頭においた中期目標の策定

中期目標に定める事項は，法25条２項に規定されています。

ただ，そもそも地方独立行政法人法は，「地方独立行政法人が公共上の見地から行う事務及び事業の確実な実施を図り，もって住民の生活の安定並びに地域社会及び地域経済の健全な発展に資すること」を目的としています（法１条）。

この点において，たとえば「住民サービス等の質向上」と「業務運営の改善・効率化」について安易な目標設定を行った場合には，業務が相反するジレンマに陥ることになります。

中期目標の策定にあたっては，本来の制度趣旨を念頭に置くことが必要です。

## （2）現状分析に基づいた中期目標の策定

中期目標の策定においては，実現可能性を考慮するとともに，法人の努力を促すことが期待される適切な水準の目標を策定することが必要です。

このためには，まず現状を認識するために内部環境分析や外部環境分析を行い，経営幹部や職員の意見を踏まえた方向性の整理が重要です。たとえば，図表3－2のような分析例が考えられます。

### 図表3－2　現状分析の具体例

| ①内部環境分析 | |
|---|---|
| 財務分析 | 財務諸表分析で各種比率・構成比等を算出し，時系列分析や類似他病院比較により現状の課題を明確化することが必要です。 |
| 生産性分析 | 会計数値以外の業務量・業務効率について分析を行うことが必要です。<br>たとえば，医師 1 人 1 日当たり患者数，医師 1 人当たり収益等を算出し，時系列分析や類似他病院比較により，現状の課題を明確化することになります。 |
| 医療機能分析 | 公立病院に求められる機能は，地域特性・医療機能等により千差万別です。診療圏分析等と併せて公的医療機能を再確認した上で，最も適切な指標の選定を行うことが必要です。 |
| **②外部環境分析** | |
| 医療需要調査 | 地域特性・年代別特性・疾患構造などを複合的に分析し，医療資源との需給バランスを検討することが必要です。これらの状況は人口動態に併せて変化していくため，将来動向についても分析することが重要です。 |
| 医療資源調査<br>地域医療連携分析 | 地域内での医療機関・医療職の供給状況を踏まえ，当院の位置付けを確認します。また，他医療機関は競合であるとともに，地域医療供給体制の重要なパートナーでもあるため，医療連携状況の分析や，あるべき医療機能の分担状況について整理を行うことも重要です。 |
| 診療圏シェア分析 | 病院が地域医療に果たす役割を確認するためには，来院患者動向を多角的に分析することが必要です。したがって，地区別・年齢階級別・疾患別シェア等の切り口で分析を実施することが重要です。 |
| 利用者アンケート | 患者・住民・地域医療機関・医師会など幅広い「利用者」の意見を収集し，地域ニーズの確認を行うことが必要です。 |
| **③幹部・職員意見による方向性整理** | |
| 職員アンケート | 職員の経営参画意識を醸成するため，内外環境分析結果を公表するとともに，組織内部の課題整理に向けた職員アンケートを実施することも有意義です。 |
| 幹部意思決定 | 以上の内外環境と職員意見を踏まえた上で幹部意見を集約し，法人としての重点課題・優先順位を整理して，中期目標を策定します。 |

# 3 中期計画・年度計画策定における留意事項

## (1) 基本的な視点

中期目標は設立団体の長が策定し地方独立行政法人に指示します。これに対して，地方独立行政法人においては，中期目標達成のための措置を定めた中期計画を策定します。法25条2項において中期目標において定める項目が規定されているため，中期計画においては，法26条2項に定められているもの等に対してとるべき措置を定めることになります（図表3－3）。

**図表3－3　中期目標と中期計画・年度計画との関係**

| | 中期目標 | 中期計画・年度計画における項目 |
|---|---|---|
| 1 | 住民サービス等の向上 | ・住民に提供するサービスその他の業務の質の向上に関する事項 |
| 2 | 業務運営の改善・効率化 | ・業務運営の改善および効率化に関する事項 |
| 3 | 財務内容の改善 | ・財務内容の改善に関する事項<br>・予算，収支計画および資金計画<br>・短期借入金の限度額<br>・重要な財産を譲渡しまたは担保に供しようとするときはその計画<br>・剰余金の使途<br>・料金に関する事項 |
| 4 | その他業務運営 | ・その他業務運営に関する重要事項 |

## (2) 中期目標の階層化

これらの中期目標の項目は非常に大きな項目であるため，具体的にこれらの項目を実現するためにこれをさらに具体化した項目を設定することが必要となります。すなわち，図表3－3に示した中期目標の項目に対して，それをさらに細分化した項目を設定することとなります。このように中期目標を細分化することにより，中期目標は階層化することになります。これらの階層化した中期目標について，図表3－3の中期目標の項目を「大項目」，これらを具体化した目標を「中項目」「小項目」等の名称により区分します。
たとえば以下のようになります。

第2　市民に対して提供するサービスその他の業務の質の向上に関する事項（大項目）
1．市民病院としての役割の発揮（中項目）
①　救急医療（小項目）
初期救急医療から3次救急医療まで「断らない救急」に努めること。救命救急センターとして，重症患者及び重篤患者への対応を常時確保すること。
②　小児周産期医療（小項目）
地域医療機関と連携及び役割分担に基づき，安心して子供を産みかつ，育てられるよう医療の提供を確保すること。
2．高度医療及び専門医療の充実並びに医療水準向上への貢献（中項目）
①　5疾病（がん，脳卒中，急性心筋梗塞，糖尿病及び精神疾患）への対応（小項目）
5疾病への対応は，市民の健康の重要課題であり，地域医療機関と役割を分担した上で，市民病院の機能に応じた医療を提供すること。
②　チーム医療の実践及び専門性の発揮（小項目）
良好なコミュニケーションの下で，チーム医療を実践するとともに，それぞれの専門性を発揮した医療を提供すること。

出所：地方独立行政法人神戸市民病院機構「第2期　中期目標」（平成25年9月市会議決）より抜粋。

中期目標は上記の例のように，大項目・中項目・小項目の3階層に分類して設定されることが多くなっています。しかし，2階層に分類している法人もありますし，また，一法人に複数の専門的な病院を有する場合には，さらに4階層目の分類を行い各病院の特徴を反映するように中期目標を設定している例もあります。

## （3）中期目標の例

病院事業を行っている公営企業型地方独立行政法人が設定している中期目標において，以下のような事例があります。

### ① 住民に対して提供するサービスその他の事業の質の向上に関する事項

病院事業の場合，各病院が果たすべき役割である医療の内容や医療サービスの質の向上についてはこの部分に記載されることになります。もっとも基本的な項目であるため，項目数が多くなる特徴があります。また各病院の専門性によって，細分化された目標が設定されることが多くなります。そのような条件から各病院により異なる項目が設定されますが，代表的なものをあげると以下のようなものがあります。

<table>
<tr><th colspan="3">大項目　住民に対して提供するサービスその他の業務の質の向上に関する事項</th></tr>
<tr><th rowspan="2">中項目</th><th colspan="2">小項目</th></tr>
<tr><th>項目</th><th>内容</th></tr>
<tr><td rowspan="6">公立病院としての役割</td><td>災害時における医療の提供</td><td>災害やその他の緊急時において，医療救護活動が行えるように，日頃から訓練を行い防災計画に基づき設立団体の長の指示に従い対応する。</td></tr>
<tr><td>救急医療の提供</td><td>自治体の救急医療システムの下，初期救急医療から３次救急医療まで対応し，365日24時間体制で緊急性の高い患者に対応する。</td></tr>
<tr><td>へき地医療への対応</td><td>へき地における住民の医療を確保するため，無医地区への巡回診療を行い，へき地診療所を支援すること。</td></tr>
<tr><td>感染症医療の実施</td><td>感染症指定医療機関としての役割を果たすため，新興感染症等への課題に率先して対応すること。</td></tr>
<tr><td>精神医療への対応</td><td>精神科救急および急性期医療の充実，思春期精神疾患，アルコールおよび薬物依存症の入院専門医療を提供すること。</td></tr>
<tr><td>小児周産期医療</td><td>２次医療圏では対応できない高度な小児医療を行うこと，また総合周産期母子医療センターとして胎児救急としての機能を果たすこと。</td></tr>
</table>

| | | |
|---|---|---|
| 高度専門医療の提供 | 循環器医療 | 急性心筋梗塞，脳卒中等の循環器疾患において24時間高度な専門的医療を提供できる体制を確保すること。 |
| | がん医療への対応 | 地域がん診療連携拠点病院として，手術，化学療法，放射線治療を組み合わせた集学的治療を行い，各分野の専門医が協力して治療にあたること。 |
| | 5疾病への対応 | いわゆる5疾病（がん，脳卒中，急性心筋梗塞，糖尿病，精神疾患）については，地域医療機関と役割分担し基幹病院としての役割を果たすこと。 |
| | 高度・先進医療の実施 | 各病院の医療機能に応じて，周辺の医療機関では提供できない高度・先進医療を提供すること。 |
| 医療連携の推進 | 地域医療への貢献 | 遠隔診断のネットワーク作りの整備を進めること。また，高度医療機器の共同利用を進め地域の医療機関に開放を進めること。 |
| | 地域医療機関との連携 | 地域との連携体制を強化し，他の医療機関と機能分担を行い，患者の紹介・逆紹介を積極的に行い，公立病院としての医療機能を提供できる体制づくりをすること。 |
| | 公立病院間の診療協力 | 同医療圏に位置する公立，公的病院間においてその特徴を生かし相互協力できる体制を構築すること。 |
| | 医師の派遣協力 | 病院としてより多くの医師を確保し，医師不足となっている地域の公的医療機関に医師派遣を積極的に進め協力すること。 |
| 人材の確保と育成 | 研修体制の構築 | 特徴のある研修プログラムを充実させ，臨床研修医を積極的に受けいれること。 |
| | 医療従事者の確保 | 多様な勤務体系の導入および診療等に専念できる環境整備を進め，医師をはじめとする医療従事者の確保に努める。 |
| | 看護師養成所の運営 | 地域医療を担う看護師の養成及び確保を図るため，看護師養成所の運営を行うこと。 |
| 安全で安心な医療の提供 | 患者や家族の視点に立った医療の提供 | 患者や家族が治療の内容をよく理解でき，納得してインフォームドコンセントを充実させ，セカンドオピニオンを実施し適切な診療情報の提供を行うこと。 |
| | 医療安全対策の実施 | 医療事故を防止するための医療安全対策を徹底するとともに，医薬品，医療機器に係る安全管理体制を整備すること。 |
| | 院内感染の防止 | 安全に医療を提供するため，院内感染の防止対策について体制整備を明確にし確実に実践すること。 |
| | コンプライアンスの徹底 | 医療法をはじめとする関係法令を順守するとともに，個人情報の保護や情報公開に関しては行動規範と倫理を確立すること。 |

| | | |
|---|---|---|
| 患者サービスの向上 | 患者満足度の向上 | 患者を対象とした患者満足度調査を定期的に行い，患者サービスの改善に努めること。 |
| | ボランティア団体との連携 | ボランティアとの連携を図り，住民・患者の視点に立ったサービス向上のための取り組みを進めること。 |
| | 住民への適切な情報提供 | 公開講座や医療相談等を通じて調査研究の成果を住民に情報発信し，住民の健康意識の高揚に努めること。 |
| 診療情報の分析 | 診療情報の電子化の推進 | 医療の質向上や安全性向上のために，電子カルテシステムを導入し情報の電子化を進めること。 |
| | 診療情報の活用 | 診療等を通じて得られる診療情報を医療の質の向上のため活用するとともに，他の医療機関にも情報提供を行い，地域の医療水準の向上を図ること。 |
| | DPCの活用 | DPC（診断群分類別包括評価）対象病院として認定を受けるとともに，診療情報データを蓄積し，他の病院と比較分析を行い，医療の質の改善，向上及び標準化を行うこと。 |
| | 臨床評価指標による評価 | 病院の診療機能を客観的に表す臨床評価指標を設定し，評価・分析・院内情報共有を行い医療の質を改善すること。 |
| 調査研究の推進 | 臨床研究の実施，治験の実施 | 臨床研究および治験が推進できるように体制整備を行うこと。 |

### ②　業務運営の改善および効率化に関する事項

当項目には業務実施上合理化を図ったり工夫をすることによって，改善や効率化を図るための事項が記載されます。病院事業においては診療にかかわる事項は，①「住民に対して提供するサービスその他の事業の質の向上に関する事項」に記載されることが多く，当項目は人事，総務，医事等の事務系の内容が多いという特徴があります。

| 大項目　業務運営の改善および効率化に関する事項 | | |
|---|---|---|
| 中項目 | 小項目 | |
| | 項目 | 内容 |
| 組織運営体制 | 柔軟な組織人事運営 | 医療を取り巻く環境の変化に迅速に対応できるように，的確な組織・人事運営を行うこと。 |
| | 職員満足度の向上 | 職員の満足度が向上し働きがいがあり，また医療職の負担を軽減し労働環境の良い職場となるように努めること。 |
| | 人事評価制度の構築 | 医療機関としてそれに適した職員の能力や業績を適正に評価する人事評価制度の構築を進めること。 |

| | | |
|---|---|---|
| 組織運営体制 | 資格取得のための支援 | 認定医，専門医，認定看護師，専門看護師等の確保に向けて，資格取得に対する支援に努めること。 |
| | 研修制度の充実 | 薬剤師，診療放射線技師，臨床検査技師等の医療技術者については，その専門性の向上を図れるように研修制度の充実を図ること。 |
| 経営体制の強化 | 権限と責任の明確化 | 各病院と法人本部との権限と責任の明確化を図り，迅速な意思決定ができるようにすること。 |
| | 事務部門の専門性の向上 | 事務部門においては，病院特有の事務に精通した職員の確保および育成を行うことによって，専門性の向上を図ること。 |
| 業務運営の改善 | 病床利用率の向上 | 効率的な病床管理を行い，病床利用率の改善を行うこと。 |
| | 業務に係る指標の活用 | クリニカルインディケーター（臨床評価指標）等を整備し，その指標を分析することによって適切な医療提供および病院経営が行える体制を構築すること。 |
| | 効率的な業務運営 | 病院が有する医療資源の有効利用や業務の見直しを常に行い，効率的で効果的な業務運営の実現を図ること。 |
| | 外部評価の活用 | 病院機能評価の評価項目に従い，日頃から病院運営の改善に努め，監査制度の充実に努めることによりその結果に基づき業務の見直しを行うこと。 |

## ③ 財務内容の改善に関する事項

地方独立行政法人が法人として存続するためには，資金収支の黒字が，またその基礎となる経常収支の黒字が求められることになり，財務内容の改善は重要な項目です。しかし，公立病院としての役割の発揮が優先して考えられるためか，当項目はあまり多くの項目が設定されない傾向があります。

| 大項目　財務内容の改善に関する事項 | | |
|---|---|---|
| 中項目 | 小項目 | |
| | 項目 | 内容 |
| 経常収支比率 | 経常収支比率の均衡 | 業務運営の改善，および効率化を進めるなどして，中期目標期間を累計した損益計算において，経常収支比率を100%以上とすること。 |
| 資金収支 | 資金収支の均衡 | 安定した病院運営を継続するために，中期目標期間内における各年度において，資金収支を均衡させること。 |

| | | |
|---|---|---|
| 経営基盤の確立 | 経営分析 | 経常黒字を確保するため，経営に関する情報を迅速に把握し，経営分析を行い，他病院との比較分析を行う等経営改善のために取り組むべき課題を明確にし病院経営に努めること。 |
| | 目標管理 | 部門ごとに具体的な目標設定を行い，その達成状況を適宜確認することによって経営管理を徹底すること。 |

### ④ その他業務運営に関する事項

その他業務運営に関する事項としては，下記の例のように病院の建替えがあったり，PFIを採用する等，該当する中期目標期間における特有の重大事項が記載されます。

| 大項目　その他業務運営に関する重要事項 | | |
|---|---|---|
| 中項目 | 小項目 | |
| | 項目 | 内容 |
| 新病院へ向けた取り組み | 職員の増員 | 新病院の機能拡充に伴う職員の増員に対応するため，開院に向けて医療従事者を計画的に採用する等準備を行うこと。 |
| | PFI手法の導入 | PFI手法により再整備を行う○○医療センターについては，PFI事業者と適切な役割分担を図るとともに，PFI事業者のノウハウを活用し協働して質の高い医療サービスの提供を行うこと。 |

## （4）中期計画－定性的計画

このように，細分化された中期目標が定められている場合には，この最も詳細な項目に対して中期計画を策定しなければなりません。上記の例でいえば，小項目に対してそれを達成するための措置を盛り込んだ中期計画を策定する必要があります。

この中期計画には，定性的計画と定量的計画があります。上記の例のように中期目標は文章で表現されます。これに対する中期計画についても，中期目標を達成するために実施しようとする内容について文章によって計画を策定します。このように文章によって表現した計画を定性的計画といいます。

定性的計画により，地方独立行政法人がどのようにして中期計画を実施するかが明らかになります。

これは以下のようなものです。

〈中期目標〉

- 救急医療（小項目）
  初期救急医療から3次救急医療まで「断らない救急」に努めること。救命救急センターとして，重症患者及び重篤患者への対応を常時確保すること。

〈中期計画〉

- 地域医療機関と密接に連携しながら，引き続き安定した救急医療体制を提供し，「断らない救急」を実践する。
- 救命救急センターとして，地域医療機関との役割分担をした上で密接に連携し，より重症及び重篤な患者に対して，年間を通じて24時間救急医療を提供し，市民の生命と健康を守る。

出所：地方独立行政法人神戸市民病院機構「第２期　中期目標」（平成25年９月市会議決）および「第２期中期計画」（平成26年３月27日認可）より抜粋。

この定性的計画により，地方独立行政法人がどのようにして目標を達成するかという内容について文章によって表現されます。この中期計画は広くホームページ等を通じて公表されるため，住民がこれを理解することにより地方独立行政法人がどのような施策を行うのかが広く知られることになります。また，地方独立行政法人の各部門の職員にも計画が理解されることにより，目標達成に向けての行動基準が明確になります。

## (5) 中期計画－定量的計画

### ① 数値目標の設定

定性的計画により中期目標をどのようにして達成するかという内容は表現されますが，これによりどの程度診療の実績が上がり，また最終的な財務的指標（医業収益や経常収支）にどの程度貢献したかはなかなか明確になりません。たとえば，先述の例に記載している以下の中期計画は実施できたとしましょう。

- 救命救急センターにおいては，より重症および重篤な患者に対して年間を通じて24時間救急医療を提供し，市民の生命と健康を守る。

しかし，救命救急センターにおいて24時間患者の受け入れができる体制は確保できても，救急対応する医師の専門分野の偏りによって，十分患者を受け入れられない可能性もあります。このような結果，定性的な計画については実施できたとしても，結果として救命救急医療の成果は十分でない可能性があります。このような定性的な計画に対する弱点を補うためには，定量的・客観的な目標を含んだ計画を策定することが有効です。これは定量的計画と呼ばれ，通常は数値目標を含んだ計画が策定されます。この救命救急センターにおける救急医療の提供という目標の場合，「救命救急センター受け入れ患者数」や「救急車搬送患者数」といった数値目標を設定することが考えられます。

### ②　数値目標の設定状況

実際に数値目標を設定している法人はどの程度あるのでしょうか。すでに第1中期目標期間が終了している法人について確認したところ，中期計画に数値目標を設定している法人よりも数値目標を設定していない法人のほうが多いという結果となっています。しかし，中期計画においては数値目標を設定していないとしても，年度計画においては数値目標を設定している法人が多くなっています。中期目標期間は3～5年ですが，診療報酬点数の改定は2年ごと，また近年医療を取り巻く環境は大きく変化しているため，中期計画において数値目標を設定することを避け，年度計画において数値目標を設定したものと考えられます。

なお，中期計画または年度計画において数値目標を設定していない法人もあります。ただし，その場合においても，「関連指標」等の記載があり，中期目標の項目に関連がある指標を示し，その実績の数値を数年間示すことにより，その数値の推移が分かるように業務実績報告書に記載がありました。したがって，数値目標の設定がない場合でも，関連指標がどの程度上昇もしくは下落したという状況については示されていました。

## （6）数値目標の例

病院事業を行っている公営企業型地方独立行政法人が設定している数値目標には以下のような事例があります。

数値目標には法人の収益や費用に直接影響し収支との相関関係が明確なものもありますが，その関係が間接的で収支との相関関係が明確でないものもあります。そのため，中期計画の内容によっては数値目標を設定しないものもあります。各項目の性質に従い，数値目標を設定すべきかどうかについて検討することが必要となります。

## ①　住民に対して提供するサービスその他の事業の質の向上に関する事項

| 大項目　住民に対して提供するサービスその他の業務の質の向上に関する事項 | | |
|---|---|---|
| 中項目 | 小項目 | |
| | 項目 | 数値目標 |
| 公立病院としての役割 | 災害時における医療の提供 | 災害訓練回数 |
| | 救急医療の提供 | 救急車搬送患者数<br>救急外来患者数 |
| | へき地医療への対応 | 無医地区巡回診療回数 |
| | 感染症医療の実施 | 感染症患者受け入れ数 |
| | 精神医療への対応 | 精神救急患者受け入れ数<br>医療観察法対応患者受け入れ数 |
| | 小児周産期医療 | 小児救急患者数<br>小児周産期紹介患者数 |
| 高度専門医療の提供 | 循環器医療 | 冠状動脈疾患集中治療室稼働率 |
| | がん医療への対応 | 放射線治療件数<br>化学療法患者数 |
| | 5疾病への対応 | 脳卒中退院患者数<br>急性心筋梗塞患者数<br>糖尿病退院患者数 |
| | 高度・先進医療の実施 | 全身麻酔実施件数<br>脳血管造影件数 |
| 医療連携の推進 | 地域医療への貢献 | 在宅医療・看護・リハビリ件数 |
| | 地域医療機関との連携 | 紹介率・逆紹介率<br>紹介患者数・逆紹介患者数 |
| | 公立病院間の診療協力 | 多拠点カンファレンス実施数 |
| | 医師の派遣協力 | 医師派遣数 |
| 人材の確保と育成 | 研修体制の構築 | 研修実施件数<br>研修参加者数 |
| | 医療従事者の確保 | 臨床研修医受け入れ数 |
| | 看護師養成所の運営 | 修学資金貸与制度適用者数 |

| | | |
|---|---|---|
| 安全で安心な医療の提供 | 患者や家族の視点に立った医療の提供 | セカンドオピニオン実施件数 |
| | 医療安全対策の実施 | 服薬指導件数 |
| | 院内感染の防止 | 感染管理チーム巡回回数 |
| | コンプライアンスの徹底 | カルテ開示件数 |
| 患者サービスの向上 | 患者満足度の向上 | 患者満足度指数 |
| | ボランティア団体との連携 | ボランティア受け入れ数 |
| | 住民への適切な情報提供 | 住民向け広報紙発行回数<br>各種教室開催回数 |
| 診療情報の分析 | 診療情報の電子化の推進 | 診療情報ネットワークシステム利用回数 |
| | 診療情報の活用 | 電子カルテDWH 利用回数 |
| | DPCの活用 | DPC分析システム利用回数 |
| | 臨床評価指標による評価 | 臨床評価指標検討委員会開催数 |
| 調査研究の推進 | 臨床研究の実施，治験の実施 | 治験実施件数　受託研究実施件数 |

## ② 業務運営の改善および効率化に関する事項

| 大項目　業務運営の改善および効率化に関する事項 | | |
|---|---|---|
| 中項目 | 小項目 | |
| | 項目 | 数値目標 |
| 組織運営体制 | 柔軟な組織人事運営 | 中途採用者数 |
| | 職員満足度の向上 | 満足度Ａの割合 |
| | 人事評価制度の構築 | 面接実施人数 |
| | 資格取得のための支援 | 認定看護師資格取得者数 |
| | 研修制度の充実 | 研修実施回数 |
| 経営体制の強化 | 権限と責任の明確化 | 業務分掌改訂数 |
| | 事務部門の専門性の向上 | プロパー職員採用数 |
| 業務運営の改善 | 病床利用率の向上 | 病床利用率　入院延べ患者数 |
| | 業務に係る指標の活用 | クリニカルインディケーター設定数 |
| | 効率的な業務運営 | 一括化契約数<br>委託業務モニタリング実施回数 |
| | 外部評価の活用 | 評価項目評点４以上の割合 |

### ③ 財務内容の改善に関する事項

<table>
<tr><th colspan="3">大項目　財務内容の改善に関する事項</th></tr>
<tr><th rowspan="2">中項目</th><th colspan="2">小項目</th></tr>
<tr><th>項目</th><th>数値目標</th></tr>
<tr><td>経常収支比率</td><td>経常収支比率の均衡</td><td>100%以上</td></tr>
<tr><td>資金収支</td><td>資金収支の均衡</td><td>100%以上</td></tr>
<tr><td rowspan="2">経営基盤の確立</td><td>経営分析</td><td>分析結果検討回数</td></tr>
<tr><td>目標管理</td><td>目標管理実施対象人数</td></tr>
</table>

### ④ その他業務運営に関する事項

<table>
<tr><th colspan="3">大項目　その他業務運営に関する重要事項</th></tr>
<tr><th rowspan="2">中項目</th><th colspan="2">小項目</th></tr>
<tr><th>項目</th><th>数値目標</th></tr>
<tr><td rowspan="2">新病院へ向けた取り組み</td><td>職員の増員</td><td>離職者数</td></tr>
<tr><td>PFI手法の導入</td><td>モニタリング回数</td></tr>
</table>

## (7) 数値目標と財務諸表との関係

数値目標は，最終的には財務諸表の数値が向上すること，すなわち経営改善につながることを目指して設定されることになります。しかし，この数値目標と財務諸表との関係は直接的であるものと，間接的であるものとに分かれます。

たとえば，前節の「③財務内容の改善」において「経常収支比率100%以上」という数値目標を設定した場合，財務諸表の数値との関係は明確です。このように，財務諸表との関係が明らかな数値目標としては，たとえば，「外来収益××千円以上」や「清掃委託費××円以下」等が考えられます。このような数値目標を数多く設定すれば数値目標の達成状況が財務諸表にどのような影響を与えるかは明らかになります。

しかし，このような財務数値による数値目標の設定はそれほど多く設定されていません。財務数値による目標は結果として重要であっても，業務における活動の基準にはなりにくいためです。したがって，財務数値にも好影響を与えるとともに，具体的な行動計画としても有効である数値目標を設定することが有効です。たとえば，前節の「①住民に対して提供するサービスその他の業務の質の向上に関する事項」であれば「放射線治療件数」「紹介患者数，逆紹介患者数」，また「②業務運営の改善および効率化に関する事項」であれば，「病床利用率」がそれにあたります。

また，財務数値との関係が間接的ですが，長期的にみて良い影響を与えると期待されるものもあります。たとえば，「研修実施回数」「認定看護師資格取得者数」等の数値目標については，それ自体は財務諸表にどのような影響を与えるかは明らかではありません。しかし当数値目標を達成することにより，組織全体のレベルが向上し長期的には財務諸表に好影響を与えることが期待されます。ただし，このような数値目標についてはあまり高い数値の設定を行うと，過度に職員に負荷を与えてしまう可能性があります。また，財務諸表については即座に効果が出ない点に，留意が必要です。

#  外部評価の留意事項

## (1) 外部評価のイメージ

外部評価は，評価委員会が事業年度ごとに中期計画の実施状況について項目別評価を行い，これを受けて総合評価を行います（法28条）。

また，中期目標期間終了時には，評価委員会が中期目標の達成状況について項目別評価を行い，これを受けて総合評価を行うとともに（法30条），設立団体の長は業務継続の要否等の検討を行い，所要の措置を講ずることになります（法31条）。

これらの評価のイメージは図表3－15のようになります。

図表3－15　外部評価のイメージ

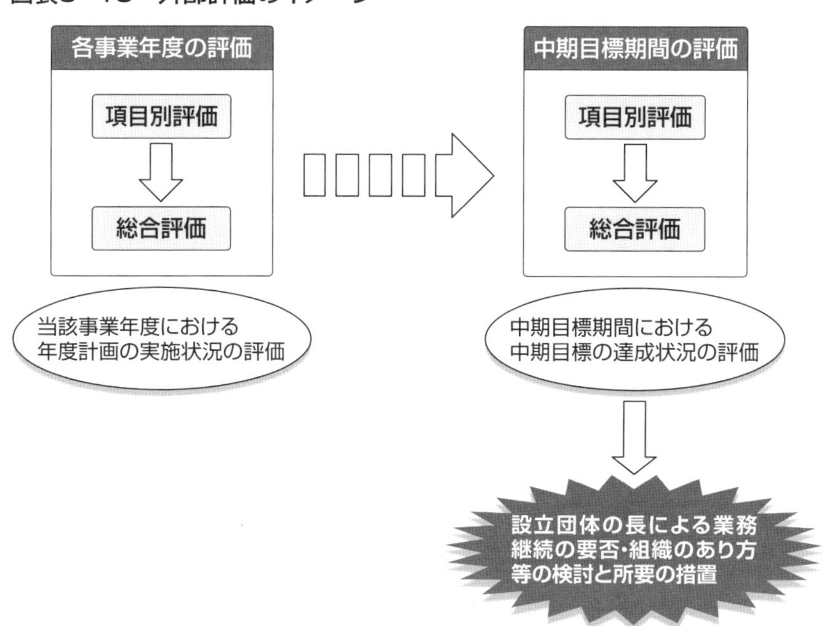

## (2) 評価判定基準

評価委員会が中期計画や年度計画の項目別評価を行うにあたり，判定基準としてはたとえば以下の基準が考えられます。

| | |
|---|---|
| A | 中期計画・年度計画を大幅に上回っている。 |
| B | 中期計画・年度計画を上回っている。 |
| C | 中期計画・年度計画に概ね合致している。 |
| D | 中期計画・年度計画をやや下回っている。 |
| E | 中期計画・年度計画を下回っており，大幅な改善が必要。 |

また，これらの項目別評価を積み上げ，総合評価を行うこととなります。

なお，中期目標で定められた4つの大項目につき，評価対象項目の数が異なる場合も想定されます。

この場合には，公平な評価を行うために項目別評価のウエイト付けの要否が検討されます。

## (3) 具体的な評価フォームとPDCAサイクルによる評価の整理

評価フォームのうち，項目別評価フォームとしては以下の事例をあげることができます。

評価の方法としては，この項目別評価を受けて総合評価を行う方法や，項目別評価後，さらに大区分の評価を行った後に総合評価を行う方法等が考えられます。

なお，図表3－16では項目別評価のフォームの例を示していますが，ＰＤＣＡサイクルの流れについてもあわせて表示しています。

**図表3−16　項目別評価フォーム**

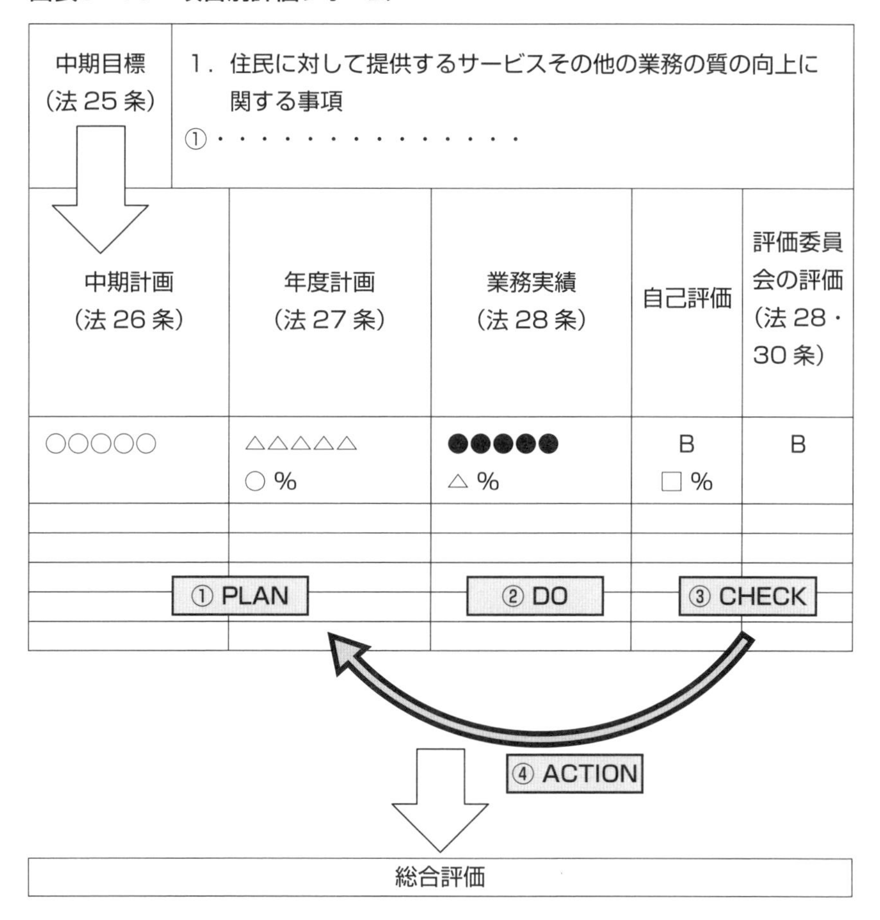

# 第4章

# 人事給与制度設計

**公立病院の経営改革に向けた本章のポイント**

・地方独立行政法人化による柔軟な人事給与制度の導入
・労働関連法適用に伴い必要な対応
・原因分析に基づく独自の制度導入による人件費適正化

# 1 地方独立行政法人化における人事給与制度の改革

本章においては，地方独立行政法人化（以下，法人化）において重要なテーマとなる人事給与制度の改革について説明します。まず第２節では地方独立行政法人における人事給与制度のメリットを説明し，第３節では地方公営企業との制度の比較を説明します。続いて第４節では法人化にあたり人事給与制度を改革するプロセスを説明し，最後に第５節では人件費適正化に向けた具体的改善方法について説明します。なお，本章では非公務員型を前提に記載しています。

# 2 地方独立行政法人化のメリット

一般に，地方公営企業の人事給与制度においては，法令その他の制度による制約が大きく，硬直的で自由度が低くなる傾向がみられますが，地方独立行政法人では病院の実態に合わせて柔軟で自由度の高い人事給与制度を設計することが可能となります。図表4－1は，職員，患者，病院の目線から，法人化のメリットを説明しているものです。

図表4－1で示したとおり，地方独立行政法人においては，職員，患者，病院それぞれの目線からの効果が期待できます。

職員の目線からは，能力や努力に応じた昇給および給与，ライフスタイルに対応した柔軟な勤務形態，専門職のスキルアップのための支援制度により，職員のモチベーション向上や離職率の低下が期待されます。

患者の目線からは，患者数の多寡に応じた職員配置や患者満足度の人事評価への取り入れにより，職員がより患者目線で行動し，患者満足度が向上することが期待されます。

病院の目線からは，賞与や退職手当の一部を業績連動型にすることにより，人件費適正化を通じて，病院経営の健全化が期待されます。

図表4－1　法人化により可能となる対応と期待できる効果

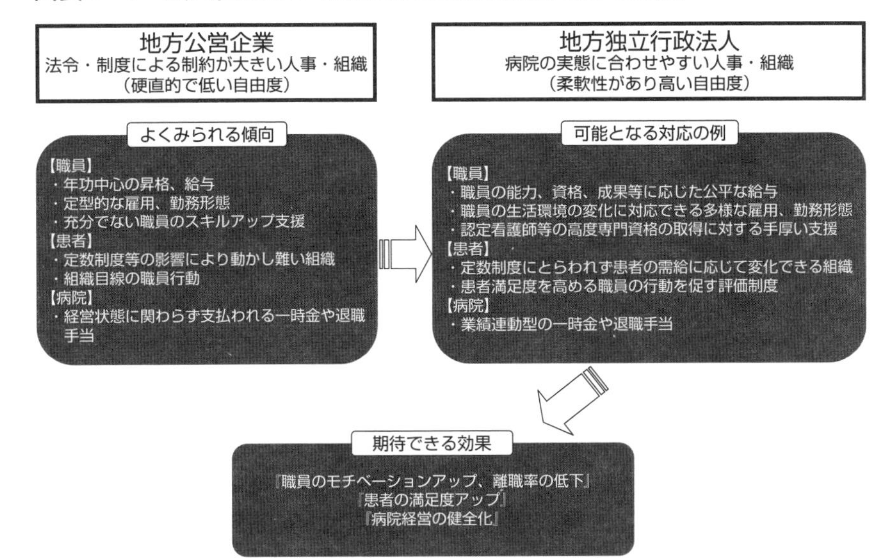

## 理想の人事給与制度

法人化により柔軟な組織・人事給与制度を構築することが可能となります。では『地方独立行政法人に合う理想の人事給与制度』といったものがあるのでしょうか？

法人化のコンサルティングの場面では，「うちのような病床数の病院が法人化した場合に合う人事制度はどのようなものか？」，「うちのように複数の病院がある場合，どのような給与制度を採用するのが理想的なのか？」といった質問をよく受けます。さらには「地方独立行政法人にとっての理想的な人事給与制度はどのようなものか？」など，病院の具体性すら欠ける場合もあります。

しかし『理想の人事給与制度』といった便利なモデルはありません。まずは，どのような病院を目指すのかという方針・戦略が必要であり，そこからあるべき人材および組織が決まります。人事給与制度はそれらの人材および組織を有効に運営させるために必要になるものであり，それらに適した仕組みが目指すべき制度です。地方独立行政法人は仕組みの導入に制約が少なく，達成可能性が高いだけです。つまり地方独立行政法人化は手段であり目的ではないのです。

# 3 人事給与制度の比較

法人化に向けて人事給与制度を改革するためには，まず人事給与制度の特徴を把握する必要があります。地方公営企業と地方独立行政法人の人事制度では，基本的な違いは2点あります。

1点目は，地方公営企業の職員（以下，公営企業職員）は公務員ですが，地方独立行政法人の職員は公務員でなくなり，地方公務員法・地方公営企業法・地方公営企業労働関係法等の適用・制約から解放されるため，前節で説明したように柔軟かつ自由な制度設計が可能となることです。

2点目は，地方独立行政法人の職員には，労働基準法の規定が完全に適用されるため，必ず変更を要する項目が発生することです。以下では，2点それぞれの詳細を説明します。

## (1) 柔軟かつ自由な制度設計を可能とする影響

公営企業職員でなくなることにより，次のような影響があります。

- 給与は自治体の給与制度から解放され，法人の経営状況や職員の構成・勤務業績等を勘案して法人が独自に定める新制度へ移行します（なお，地方公営企業法の全部適用を受けている場合，自治体の枠を超えた給与制度設計はすでに可能となっていますが，公営企業職員に適用される制度と結局同じ内容のまま継続するケースもみられます）。
- 退職手当は，自治体の退職手当制度から，業務の実績や社会一般の情勢を考慮の上，法人が独自に定める制度へ移行します（なお，退職給付制度の勤続期間は，法人化時点で精算することは稀であり，公営企業職員時代と通算する場合が多くみられます）。

- 採用は，定員管理内における職員の採用に限定されていたものが，法人の判断で柔軟に実施することが可能となります。

## (2) 労働関連法規の適用による影響

労働関連法規が完全適用されることにより，次のような影響があります。

- 年次有給休暇においては，公営企業職員には一般的に時間単位で取得することに上限がありませんでしたが，法人化後は１年間で５日分が上限となります。
- １時間当たりの給与算定の基礎項目は，公営企業職員では給料と地域手当のみ対象となる場合が多いですが，法人化後はこれらのほか，初任給調整手当，管理職手当，特殊勤務手当の一部等も対象となります（家族手当，通勤手当，別居手当，子女手当，住宅手当以外の月例給与は原則として対象となります）。
- 深夜割増賃金については，公営企業職員では管理職手当の支給を受ける職員には支給されていないことが多いですが，法人化後は管理職の地位にある職員に対しても支給が必要となります（なお，地方公務員も割増部分についてはすでに労働基準法の適用を受けているため，現状において違反が行われている可能性があります）。
- 雇用保険が，法人化により適用されます。職員負担が新たに発生するため，職員が抵抗を示す例がみられます。
- 定年後の再任用（再雇用）については，自治体職員では勤務実績等に基づき選考された職員のみを対象とする場合がみられますが，法人化後は原則として選考を経ずに全員を再雇用することが義務付けられます。ただし，例外や経過措置があります。

図表4－2は，上記で説明した制度比較のまとめ表です。

**図表4－2　制度の比較表**

| | 公営企業職員 | 法人職員 |
|---|---|---|
| 前提条件 | | |
| 身分 | 地方公務員 | 非公務員（労働基準法における労働者） |
| 自由な制度設計 | | |
| 給与 | 設立自治体の給与制度 | 勤務成績や法人業務の実績を考慮する等，法人が定める制度<br>※法人化時は現行制度を維持するケース多 |
| 退職手当 | 設立自治体の退職手当制度 | 法人業務の実績を考慮，社会一般の情勢に適合させる等，法人が定める制度<br>※勤続期間は設立自治体職員の期間を通算可能<br>※法人化時は現行制度を維持するケース多 |
| 任用（採用） | 定員管理内における職員の採用 | 法人の判断で柔軟に職員を採用 |
| 労働関連法規対応　※公営企業職員の制度は一般的な例 | | |
| 年次有給休暇 | 時間単位の年休が上限無く取得可能<br>短時間勤務切替時の付与日数変更 | 時間単位の年休は１年間に５日分が上限<br>付与時の日数の変更は不可<br>※法を上回る部分は可 |
| １時間当たりの給与算定の基礎項目 | 給料，地域手当が対象 | 給料，地域手当のほか，初任給調整手当，管理職手当，特殊勤務手当の一部等も対象 |
| 深夜割増賃金 | 管理職手当の支給を受ける職員には不支給 | 管理職の地位にある職員に対しても支給 |
| 雇用保険 | 適用除外 | 適用（職員負担有） |
| 再任用（再雇用） | 勤務実績等に基づき選考された職員 | 原則全員（平成25年３月までに労使協定を締結して選抜基準を設けている場合，当該基準に基づき選抜できる経過措置あり） |

# 4　法人化に向けた人事給与制度改革のプロセス

法人化に向けて新たな人事給与制度を導入するプロセスは，前節で説明した「柔軟かつ自由な制度設計」と「労働関連法規対応」の２つの制度上の特徴に分けて実施することが有効です。図表4－3は，この２つの制度特徴からの導入プロセスの概要を示したものです。

以下では，それぞれの視点から，プロセスの詳細を説明します。

**図表4－3　人事給与制度改革のプロセス**

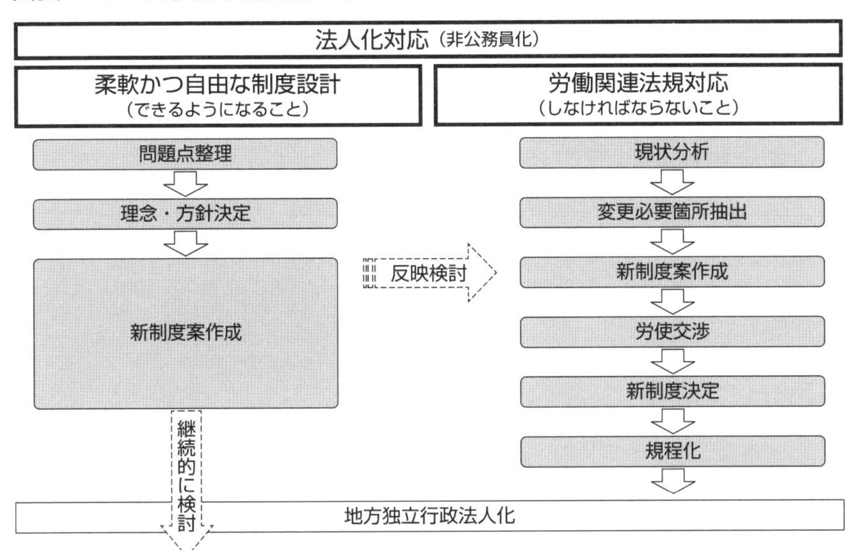


## (1) 柔軟かつ自由な制度設計のための検討プロセス

前節までに説明したように，法人化は柔軟かつ自由な制度設計が可能となるため，職員にとって魅力的な制度や病院の業績に貢献できる制度を検討し，法人化と同時または将来的に制度を改革するための準備を行います。第２節のコラムでも説明したように，単純に他病院の成功事例等をそのまま利用するような安易な手段ではなく，病院における問題点をしっかりと整理した上で，その問題を解決するのに最適な選択をすることが重要です。

### ①問題点整理

現在の病院における組織・人事給与面での問題点の抽出および原因分析を行います。定着率，職員のモチベーション，給与バランス，役職別構成などを確認します。また他病院の事例から予測される現時点では顕在化していないが将来的に起こりうる問題や，職員の年齢層別構成比などの検討も重要です。

### ②理念・方針決定

病院の目指す人事に関する理念および方針を検討します。経営理念，中期目標，中期計画等との整合性を確認しながら進めていきます。

### ③新制度案作成

上記①②の整理に基づき，新たに導入すべき組織・人事給与制度を整理し，そのうち法人化時点で導入する制度を設計します。また，法人化後に長期的に導入を取り組むべき制度（法人化と同時導入は困難なもの）については導入までのロードマップ・スケジュールを作成しておきます。

## 移行の現実論

設立団体は一般に，法人化によって柔軟な人事給与制度へ改革したい，と考えています。それが法人化のメリットの１つであり，また病院業務に従事する職員は自動的に地方独立行政法人へ身分が継承されますので，理屈の上では法人化と同時に新たな人事給与制度へ移行し，経営改革を一気に進めることは可能です。

しかし，現実には少なくとも法人移行時点においては，自治体時代の制度を踏襲するケースが多い状況です。確かに新たな制度に自動的に移行される職員ですが，自主的な退職を行う自由もあります。医療従事者はその専門性や，慢性的な人材不足という業界の特性により転職が比較的容易なため，公務員時代の人事給与制度を大きく変えて職員の大きな反発を受けるようなことがあれば，大量の退職者を発生させるリスクがあります。また，職員団体（労働組合）の理解を得られなければ，法人化自体が議会承認を受けられにくく，進みません。

そのため，まずは法人化達成を最優先とし，人事給与制度の改革はソフトランディングせざるを得ないのが現実的なパターンです。

### (2) 労働関連法規対応のための検討プロセス

前節で説明したように，法人化により労働基準法を初めとする各種労働関連法規がほぼ全面的に適用されることに伴い，制度の変更および就業規則等諸規程へ反映を要する箇所が発生します。また地独化と同時に適用される労働・社会保険関係の適用変更への対応も必要となります。これらは法人化時点で対応を完了している必要があるため，時間的な優先順位は最上位であり，かつ正確に業務を進める必要があります。

#### ①現状分析

病院における現行の条例・規則・内規等を確認し，読み込みを行います。自治体の人事担当部署へのヒアリングも併せて実施します。

#### ②変更必要箇所の抽出

分析した結果に基づき労働法の適合性を調査します。そして，変更必要箇所のリストアップを行います。

#### ③新制度案作成

リストアップした変更箇所をもとに，新制度案を作成します。

### (3) 新人事給与制度の導入の仕上げ

前述（2）③で作成した新制度案をもとに，法人化時点で導入する新人事給与制度の具体的準備を進めます。

#### ①労使交渉

新制度案をもとに職員団体（労働組合）と交渉を実施し，案の修正を行います。これらは1回で終わることは稀で，交渉，修正をある程度繰り返すことになります。

### ②新制度決定

労使交渉の結果を踏まえ，最終的な新制度を決定します。

### ③規程化

決定された新制度に基づき，就業規則および労使協定を作成します。就業規則は，正規の職員だけではなく，非常勤職員をはじめ，あらゆる区分の職員をカバーする必要があります。一般に病院には職員の区分が非常に多く存在するため，就業規則から漏れている区分の職員が発生しないよう留意する必要があります。

また，過半数代表者選任手続の要領も併せて作成します。これは，就業規則の意見聴取や三六協定等の労使協定締結のため，過半数代表者が必要になるものです。選出には，理論上，設置まで選出できないという時期の問題や，職員の過半数を占める職員団体（労働組合）が無い場合に新たに代表者を選出する必要があるという職員団体（労働組合）の規模の問題があります。なお，選出手続きは，法人（使用者）ではなく，あくまで労働者が主体となって行う必要があるため，法人は選出のための仕組の作成までにとどめ，具体的な手続については総務部門の職員等が主体となって進める必要があります。

# 5 新人事制度改革における人件費適正化

## (1) 人件費適正化の必要性

新人事制度改革に最も期待される役割は，人件費の適正化です。公立病院の人件費率は，民間病院と比べて明らかに高く，人件費の適正化を行わずして，経営の改革は困難と考えられます。図表4－4は，設置主体別の人件費率を比較したものであり，公立病院においては人件費適正化が期待されていることが窺えます。

図表4－4　設置主体別の人件費比率

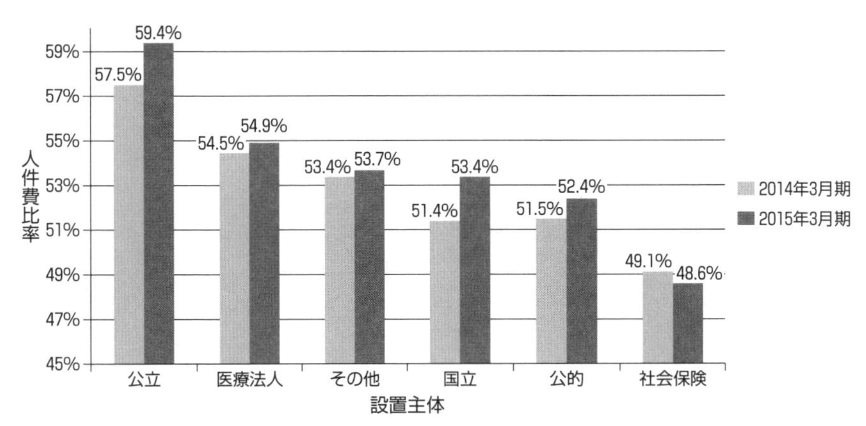


出所：中央社会保険医療協議会「第20回医療経済実態調査（医療機関等調査）報告（平成27年 実施）」10～15頁より作成。公立には，地方独立行政法人を含む。

## (2) 問題の分析と法人化スケジュールの考慮

人件費の問題とはいっても，そもそも全体的に給与の絶対値が高すぎる場合もあれば，適正な人材配分ができていないなどの組織上の問題の場合もあり，さらに無駄な作業が多く非効率な勤務などの働き方の問題による場合，あるいはそれらの混在など，原因は病院によってさまざまです。ここに，他病院の成功事例をそのまま転用するといった安易な手法が問題解決にならない理由があります。

給与の絶対値が高い場合や組織上の問題などハード面に原因がある場合，制度そのものを見直す必要があるため，法人化後すぐに改善を目指すのであれば，検討を急ぐ必要があります。そうではなく，働き方の問題などソフト面が原因の場合は，制度自体はそのままで対応できるため，ハード面が原因の場合と比べて時間的制約は少なくなります。それだけに原因の違いは法人化へのスケジュールへの影響も大きく，自分の病院では何が原因であるのか，深度をもった分析が必要になります。

## (3) 人件費要素別の改善方法

人件費に影響を与える要素は，直接的な報酬のみに限っても多岐にわたります（図表4－5参照）。これらの要素のうち問題点となるものが1つのみであることは少なく，複数該当するケースが多いと考えられます。それらのすべての問題に手を付けることができるのが望ましいですが，対応できる人も時間も有限であるため，最も大きな原因になっていると考えられる要素に焦点を当てることが重要です。以下では，一般的に原因になることが多い要素および主な改善方法を説明します。

**図表4－5　人件費に影響を与える要素（直接的な報酬）**

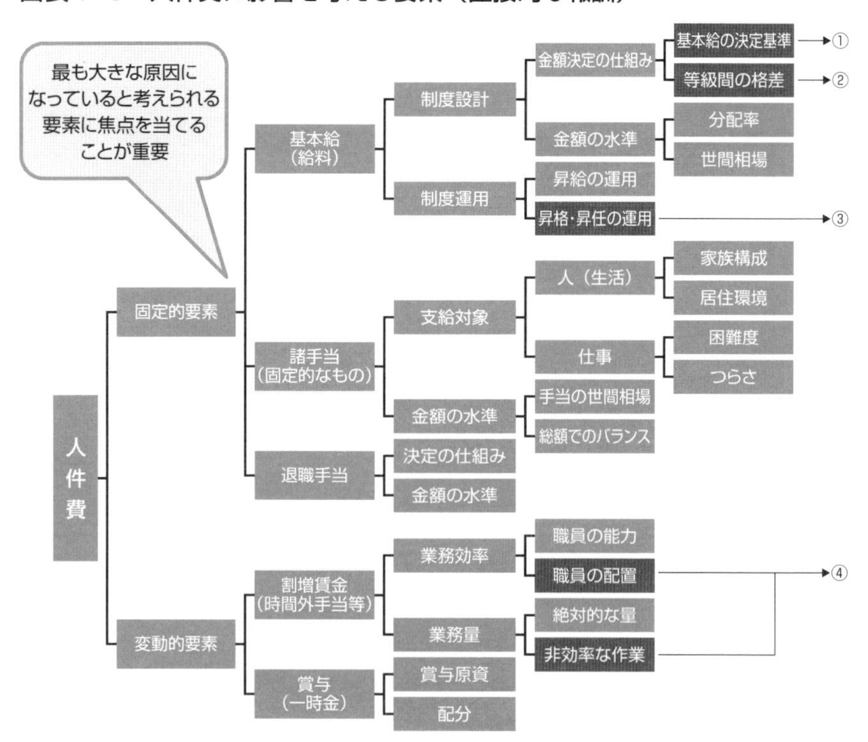

## ①基本給の決定基準

基本給（給料）を何に対して支払うのでしょうか。人の属性に対して支払うもの（年齢給，勤続給など），保有能力に対して支払うもの（能力給，技能給），発揮能力や仕事の内容に対して支払うもの（職務給，役割給，成果給など）が考えられます。

公立病院においては，職務給が採用されている場合が多くありますが，職務の定義や昇格要件がきわめて曖昧なケースが多く，曖昧であるが故に昇格を厳格に管理できず，年功的な運用になりがちです（たとえば，２級「看護師及び准看護師の職務」，３級「相当の知識及び経験を必要とする業務を行う看護師及び准看護師の職務」，４級「主任看護師及び主任准看護師の職務」，などの曖昧な定義が多くみられます）。

このような問題が存在する場合には，職務の定義や昇格要件を具体化し，昇格管理を厳格に行うことで人件費を適正化できる可能性があります。また，能力給を導入し，能力基準による昇給を行うことで，より公平な給与制度にすることも有効な改善策となり得ます。

## ②等級間の格差

職務給の場合，同一職務は同一の給与であることが理論上の原則です（１つの等級に対して賃金額は１つ）。しかし，昇給によるモチベーション向上などを考慮し，同一等級内でも給与テーブルに範囲をもたせる，いわゆる「範囲職務給」と呼ばれる仕組みを採用している場合があります（年功的運用を可能にするためともいえます）。この範囲職務給は，等級間における給与テーブルの範囲が重なる程度により，接合型，重複型，開差型の３つのタイプに分けられます（図表4－6）。

公立病院においてはこの範囲職務給のうち，重複型が採用されている場合が大半ですが，その範囲自体に幅があり，また，その重複部分の幅がきわめて広いケースが非常に多く見受けられます。この場合には，昇格がなくとも年の経過によりかなりの昇給が行われ，人件費が増大してしまい，また職員にとって昇格のメリットが薄いため，昇格に対する動機づけに繋がりにくく

図表4-6　接合型，重複型，開差型のイメージ

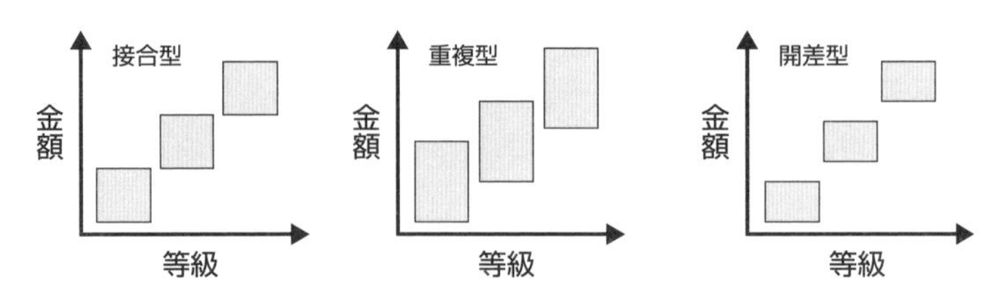


なります（他方で，昇格できない職員にとっての不満解消にはなり得えます）。

このような問題が存在する場合においては，一定以上の号給を削除するか，一定以上の号給の賃金額を下げる（昇給ピッチを狭める）ことで，年の経過による人件費増大のスピードを遅らし，より職務に適正な給与額を支払うことが可能となります。

## 不利益変更に対する補填

（3）②で触れたような「一定以上の号給を削除する」「一定以上の号給の賃金額を下げる」といった変更は労働者の賃金を下げることになるため，「不利益変更」と呼ばれます。

この不利益変更は使用者の一方的な都合では実施できず，労働者全員の同意を得るか，労働契約法に定める合理性の判断基準（a.労働者の受ける不利益の程度，b.労働条件の変更の必要性，c.変更後の就業規則の内容の相当性，d.労働組合等との交渉の状況，e.その他の就業規則の変更に係る事情）を満たすような方法で実施する必要があります。

全員の同意を得るにせよ，職員団体（労働組合）との交渉を円滑に進めるにせよ，一方的な賃金切り下げに対して納得してもらうことは容易ではありません。たとえ現在の適切でない設計の改善という大義名分があったとしても，現に受けている給与については既得権があります。切り下げを受け入れてもらうためには，何らかの補填（代替措置）が必要

と考えた方がよいでしょう。たとえば，非管理職の給与を切り下げる代わりに定年を延長して安定した雇用継続を提供することなどは，職員に安心感を与えつつ，使用者としては職員の流出を減少させる手段となり得るため，有効な選択肢といえるでしょう。

また，代替措置だけでなく，一定期間は給与の減額分を補償するといった経過措置も不可避であるため，制度を変更したからといって，即時に効果を得ることは困難です。裏を返せば，だからこそ早めに手を打つ必要があるのです。

### ③昇格・昇任の運用

職務給を採用している場合の昇格は，上級の職務に異動することにより行われます。この異動には，職員がその上級の職務が遂行できると判断されることは勿論，組織上その職務に人員を必要としている（職務に空きが発生する）ことが条件となります。

昇任のルールはさまざまな考え方がありますが，組織上必要とされる役職についてはそのポストの数が決まっており，それに対し空きが発生する場合に下位からの抜擢，他部門からの異動等により行われることが原則です（組織上のラインに入らない専門職等に役職を付する場合はこれに限りません）。

しかし，公立病院においては職務の困難度により級を設定しているものの，一定の級まではほぼ年功により昇格しているケースが多くあります。また，看護職，医療技術職については，主任までは職員の適性等に関係なく，一定の年限を経ると昇任するケースもあります。

そのため，職務給を採用しているにもかかわらず，実質的には年齢・勤続による給与が支給されていたり，年功的な昇格運用がなされているため，上位等級に組織として本来必要とされる数以上の職員を昇格させていたり，求められる職務を遂行できる能力が無い者を昇任させている可能性があります。また，そもそも組織上，主任に求められる役割および必要な人数が明確でないことも多くあります。

このような場合，年功的な昇格運用を廃止し，本来の職務基準による昇格運用を行うことや，主任の定員を設け，空きがある場合以外は昇任させない方針を立案することなどにより，職務や役職にあった適正な給与を支払うことが可能となります。

### ④職員の配置・作業の効率性

人件費が高い要因は，給与制度の設計や運用といった基本給の問題だけではなく，時間外手当等の変動的な要因による可能性もあります。このような場合には制度の見直しを行わずとも人件費削減が可能なケースがあるため，次のような現象が起きていないか，現状を分析する価値があります。

ａ．職員の非効率な配置
- 下位の級の職員がすべき，またはできる業務を行っている。
- 有資格者が実施する必要のない業務を，賃金水準の高い看護師等の有資格者が行っている。

ｂ．非効率な作業の存在
- 使用目的が明確でない書類作成等に時間をとられている。
- 内容の重複する作業を行っている。

ａのケースでは，医師事務作業補助者等や給与が低い職員への業務移管を検討することにより，人件費の抑制が可能となります。ｂのケースでは，作業の見直しにより人件費の抑制が可能となります。作業の見直しの検討は，「廃止」「外注」「統合」「やり方の変更」の順序にて実施することが有効です。

# 第5章

# 財務会計制度

**公立病院の経営改革に向けた本章のポイント**

- 地方独立行政法人会計基準の概要について
- 病院関連収益に係る仕訳解説
- 不要財産の納付に係る仕訳解説

# 1 地方独立行政法人会計基準

## (1) 会計基準の概要

地方独立行政法人では，原則として企業会計原則に基づき，複式簿記による会計制度が導入されています（法33条）。しかし，地方独立行政法人には，公共的な性格を有し利益の獲得を目的としない，設立団体と密接不可分の関係にあり法人独自の判断では意思決定が完結し得ない場合がある，等の特殊性があるため，独自の会計基準が設定されています（図表5－1）。

公立病院をはじめとする公営企業型地方独立行政法人については，独立採算の原則に基づき運営されることから独自の会計基準が設けられており，公営企業型以外の地方独立行政法人に係る会計基準との差別化が図られています。

**図表5－1　地方独立行政法人における会計基準の概要**

| 公営企業型地方独立行政法人に適用される会計基準等（公営企業型） | 公営企業型地方独立行政法人以外の地方独立行政法人に適用される会計基準等（一般型） |
|---|---|
| 地方独立行政法人会計基準及び地方独立行政法人会計基準注解　第２章 | 地方独立行政法人会計基準及び地方独立行政法人会計基準注解　第１章 |
| 「地方独立行政法人会計基準」及び「地方独立行政法人会計基準注解」に関するＱ＆Ａ【公営企業型版】 | 「地方独立行政法人会計基準」及び「地方独立行政法人会計基準注解」に関するＱ＆Ａ |
| 固定資産の減損に係る地方独立行政法人会計基準及び固定資産の減損に係る地方独立行政法人会計基準注解　第２章 | 固定資産の減損に係る地方独立行政法人会計基準及び固定資産の減損に係る地方独立行政法人会計基準注解　第１章 |
| 「固定資産の減損に係る地方独立行政法人会計基準」及び「固定資産の減損に係る地方独立行政法人会計基準注解」に関するＱ＆Ａ【公営企業型版】 | 「固定資産の減損に係る地方独立行政法人会計基準」及び「固定資産の減損に係る地方独立行政法人会計基準注解」に関するＱ＆Ａ |
| 一般に公正妥当と認められる企業会計の基準 | |

地方独立行政法人法施行規則1条3項において，「地方独立行政法人に適用する会計の基準として総務大臣が公示する地方独立行政法人会計基準は，第1項に規定する一般に公正妥当と認められる企業会計の基準に優先して適用されるものとする。」旨が規定されています。

一般に公正妥当と認められる企業会計の基準とは，地方独立行政法人法33条にいう企業会計原則を含むより広い概念として用いられるものであり，地方独立行政法人会計基準を優先して適用し，当該基準に詳細な定めがないものについては，企業会計の基準を適用することとなります。

次章以降では，公営企業型地方独立行政法人に適用される会計基準等を中心に解説していくこととします。

## (2) 公営企業型地方独立行政法人の財務諸表等

公営企業型地方独立行政法人では，毎事業年度，財務諸表等を作成し，事業年度終了後3ヶ月以内に設立団体の長に提出し，その承認を受ける必要があります（法34条）。 地方公営企業において作成が求められている財務諸表等（地方公営企業法30条）との相違は，図表5－2のとおりです。

**図表5－2　財務諸表等の比較**

| 公営企業型地方独立行政法人 | 地方公営企業 |
| --- | --- |
| 貸借対照表 | 同左 |
| 損益計算書 | 同左 |
| 利益の処分または損失の処理に関する書類 | 剰余金計算書または欠損金計算書<br>剰余金処分計算書または欠損金処理計算書 |
| キャッシュ・フロー計算書 | 同左（決算附属書類として作成） |
| 行政サービス実施コスト計算書 | なし |
| 附属明細書 | 収益費用明細書<br>固定資産明細書<br>企業債明細書 |
| 事業報告書 | 同左 |
| 予算の区分に従い作成した決算報告書 | 同左 |

## 図表5−3　財務諸表等のイメージ

**地方公営企業（病院事業）の貸借対照表**

| （資産の部） | （負債の部） |
|---|---|
| 1　固定資産 | 1　固定負債 |
| (1)有形固定資産 | (1)企業債 |
| (2)無形固定資産 | (2)他会計借入金 |
| (3)投資その他の資産 | ・・・ |
| 2　流動資産 | 2　流動負債 |
| (1)現金・預金 | (1)未払金 |
| ・・・ | ・・・ |
| 3　繰延勘定 | 3　繰延収益 |
| (1)退職給与金 | （資本の部） |
| (2)企業債発行差金 | 1　資本金 |
| ・・・ | |
| | 2　剰余金 |
| | (1)資本剰余金 |
| | (2)利益剰余金 |

地方独立行政法人では存在しません

整合的

**公営企業型地方独立行政法人の貸借対照表**

| （資産の部） | （負債の部） |
|---|---|
| 1　固定資産 | 1　固定負債 |
| (1)有形固定資産 | (1)資産見返負債 |
| (2)無形固定資産 | (2)長期借入金 |
| (3)投資その他の資産 | (3)移行前地方債償還債務 |
| | (4)退職給付引当金 |
| | ・・・ |
| 2　流動資産 | 2　流動負債 |
| (1)現金・預金 | (1)未払金 |
| ・・・ | ・・・ |
| | （純資産の部） |
| | 1　資本金 |
| | (1)設立団体出資金 |
| | 2　剰余金 |
| | (1)資本剰余金 |
| | (2)利益剰余金 |

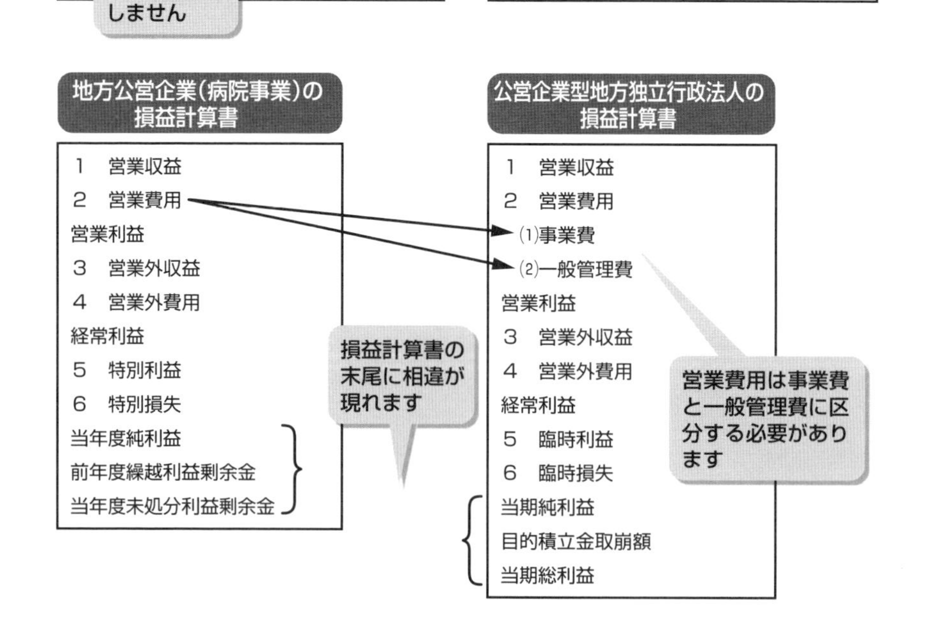

貸借対照表は，事業年度末日における法人の財政状態を明らかにする財務書類であり，損益計算書は，一会計期間における法人の経営成績を明らかにする財務書類です。

キャッシュ・フロー計算書は，法人の活動別の資金の流れを表す財務書類であり，行政サービス実施コスト計算書は，法人の業務運営に関して住民等の負担に帰せられるコストを表す財務書類となっています。いずれも，貸借対照表や損益計算書などの情報を元に作成されることになります。

平成26年４月から新地方公営企業会計が導入されたことに伴い，それまでの公営企業会計の特有の論点であった借入資本金やみなし償却制度が廃止されました。

また，償却資産の取得または改良に伴い交付される補助金，一般会計負担金等は「長期前受金」として負債計上し，減価償却見合いを順次収益化する処理が導入され，その他各種引当金，減損会計等についても導入されています。これらの変更により，新地方公営企業会計は，おおむね公営企業型地方独立行政法人に適用される会計基準等と整合するものとなっています（図表5－3）。

## (3) 公営企業型地方独立行政法人会計基準の特徴

病院事業を営む公営企業型地方独立行政法人の運営は，主に次のような財源により行われることになります。

- 病院収入などの自己収入
- 運営費負担金，運営費交付金
- 特定施設費
- 寄附金
- 補助金等，工事負担金等

公営企業型地方独立行政法人は，独立採算の原則に基づいて運営されており，一定の経費を除き必要な経費は原則として自己収入で賄うこととされています。そのため，法人の責任範囲を明確にするためには，財源別に法人の事業運営結果を把握する必要があります。

こうしたことから，地方独立行政法人会計基準（公営企業型）においても，財源別の会計処理が規定されており，適切な会計処理を実施するためには，法人内部でも財源の管理が必要となります。

主な財源の内容は，図表5－4のとおりです。

収益の計上時期および固定資産に係る取得時および減価償却時の会計処理の概要は，図表5－5のとおりです。

### 図表5－4　財源内容

| 名　　称 | 内　　容 |
|---|---|
| 運営費負担金（Q&A　79－1） | 運営費負担金は，独立採算原則の例外として「その性質上地方独法の事業の経営に伴う収入をもって充てることが適当でない経費」及び「地方独法の性質上能率的な経営を行ってもなおその事業の経営に伴う収入のみをもって充てることが客観的に困難であると認められる経費」に対する設立団体の義務的な負担をいう（法85条１項）。 |
| 運営費交付金（Q&A　79－1） | 公営企業型地方独立行政法人の業務の財源に充てるため，設立団体が任意に交付するものをいう（法42条）。 |
| 特定施設費（注12） | 特定施設費の対象となる特定施設とは，中期計画等の想定の範囲内で，設立団体等から委託等を受け，当該設立団体等に替わって一般行政サービス（公営企業型地方独立行政法人の業務に附帯する業務に限る。）の提供を行うため，当該設立団体等から取得費全額に対する財源措置を受けて取得する固定資産（法85条１項１号の規定に基づき当該固定資産の取得に充てた長期借入金の元利償還金の全額を設立団体から交付されるものを含む。）をいい，特定施設費とは，当該固定資産の取得に充てるためあらかじめ交付されるものをいう。 |
| 補助金等（注13） | 国又は地方公共団体等から，補助金，負担金，交付金及び補給金等の名称をもって交付されるものであって，相当の反対給付を求められないもの（運営費負担金，運営費交付金及び特定施設費を除き，法42条に基づき設立団体が交付するものであって，補助対象経費に応じて精算することを予定しているものを含む。）をいう。 |
| 寄附金（注61） | 寄附者が公営企業型地方独立行政法人の業務の実施を財産的に支援する目的で出えんするものである。 |
| 工事負担金等（注14） | 国，地方公共団体，他の公営企業型地方独立行政法人又は受益者等から，工事負担金，委託費等の名称をもって交付されるものであって，相当の反対給付を求められるもの（運営費負担金，運営費交付金及び特定施設費を除く。）をいう。 |

**図表5－5　財源別の会計処理の概要**

<table>
<tr><th colspan="2" rowspan="3">財　源</th><th rowspan="3">収益の<br>計上時期</th><th colspan="4">固定資産に係る処理</th></tr>
<tr><th>非償却資産</th><th colspan="3">償却資産</th></tr>
<tr><th colspan="3">取　得　時</th><th>償　却　時</th></tr>
<tr><td colspan="2">病院収入</td><td>実現主義</td><td>—</td><td colspan="2">—</td><td>—</td></tr>
<tr><td colspan="2" rowspan="3">運営費負担金<br>運営費交付金</td><td rowspan="3">業務進行時</td><td rowspan="3">資本剰余金<br>（中期計画の<br>想定の範囲内）</td><td rowspan="2">資本<br>助成目的</td><td rowspan="2">資本<br>剰余金</td><td>【基準第85適用の場合】<br>損益外減価償却累計額の計上</td></tr>
<tr><td>【基準第85不適用の場合】<br>減価償却費の計上</td></tr>
<tr><td>経常費<br>助成目的</td><td>資産見返負<br>債を計上</td><td>減価償却費の計上<br>資産見返負債を収益化</td></tr>
<tr><td colspan="2">特定施設費</td><td>—<br>（費用発生時）</td><td>資本剰余金</td><td colspan="2">資本剰余金</td><td>損益外減価償却累計額<br>の計上</td></tr>
<tr><td rowspan="2">寄附金</td><td>使途特定</td><td>費用発生時</td><td>資本剰余金<br>（中期計画の想定の範囲内）</td><td colspan="2">資産見返負債を<br>計上</td><td>減価償却費の計上<br>資産見返負債を収益化</td></tr>
<tr><td>使途不特定</td><td>受領時</td><td>—</td><td colspan="2">—</td><td>—</td></tr>
<tr><td colspan="2" rowspan="3">補助金等<br>工事負担金等</td><td rowspan="3">業務進行時</td><td rowspan="3">資本剰余金</td><td rowspan="2">資本<br>助成目的</td><td rowspan="2">資本<br>剰余金</td><td>【基準第85適用の場合】<br>損益外減価償却累計額の計上</td></tr>
<tr><td>【基準第85不適用の場合】<br>減価償却費の計上</td></tr>
<tr><td>経常費<br>助成目的</td><td>資産見返負<br>債を計上</td><td>減価償却費の計上<br>資産見返負債を収益化</td></tr>
</table>

病院収入などの自己財源や運営費負担金などの設立団体等から交付を受ける財源に応じて，収益計上時期や固定資産に係る会計処理が大きく相違することになります。

なお，運営費負担金など一定の財源については，交付目的が資本助成か経常費助成かによっても会計処理が異なることになります。

# 2　設立時の会計処理

地方独立行政法人を設立するにあたり，地方公共団体の有する財産を地方独立行政法人に移管する方法としては，①現物出資，②無償譲渡（譲与），③権利の承継，の３つが想定されます。

①現物出資，②無償譲渡（譲与）については，地方自治法96条に基づく議会の議決が必要になります。③権利の承継も，移行型地方独立行政法人に限られますが，地方独立行政法人法において，議会の議決を求めています（法66条，施行令９条）。

（みなし出資）

移行型地方独立行政法人の設立の場合，当該事業に係る権利・義務が包括的に承継されることになりますが，この包括承継される権利と義務との差額が出資されたものとみなされます（みなし出資）。この点について，地方独立行政法人法67条において，下記のように規定されています。

> （法第67条）
> 第１項
> 前条の規定により移行型地方独立行政法人が設立団体の有する権利及び義務を承継した場合において，その承継の際，承継される権利に係る財産の価額の合計額が承継される義務に係る負債の価額の合計額を超えるときは，その差額に相当する金額及び当該設立団体が出資する資金その他の財産の価額の合算額が当該設立団体から当該移行型地方独立行政法人に対し出資されたものとする。
> 第２項
> 前条の規定により移行型地方独立行政法人が設立団体の有する権利及び義務を承継した場合において，その承継の際，承継される権利に係る財産の価額の合計額が承継される義務に係る負債の価額の合計額を下回るときは，その差額に相当する金額を当該設立団体が当該移行型地方独立行政法人の設立に際して出えんする資金その他の財産の価額から控除して得た額が当該設立団体から当該移行型地方独立行政法人に対し出資されたものとする。

１項では，プラスの純資産と設立団体の金銭出資額等の合算額が出資されたものとされています。他方，２項では，マイナスの純資産と設立団体の金銭出資額等の純額を出資されたものとしています。

なお，２項では，債務超過の地方独立行政法人の設立が，地方独立行政法人法6条に抵触することとなるため，設立団体には，追加出資が求められます。

## (1) 権利および義務の承継のみで設立の場合

土地50百万円，建物30百万円，工具器具備品20百万円，地方債45百万円の権利および義務を承継させることで，地方独立行政法人を設立した場合の設立時の貸借対照表は，図表5－6のようになります。

### 図表5－6　設立時の貸借対照表（例1）

設立時の貸借対照表　（単位：百万円）

| 資産の部 | | 負債の部 | |
|---|---|---|---|
| （資産の部） | | （負債の部） | |
| 土地 | 50 | 移行前地方債 | |
| 建物 | 30 | 償還債務 | 45 |
| 工具器具備品 | 20 | | |
| | | 負債合計 | 45 |
| | | （純資産の部） | |
| | | 資本金 | 55 |
| | | 純資産合計 | 55 |
| 資産合計 | 100 | 負債純資産合計 | 100 |

法67条１項の規定により，出資したものとされます。

（注）地方債は設立団体への債務として承継する。

## (2) 権利および義務の承継に加え金銭出資も実施して設立する場合

土地50百万円，建物30百万円，工具器具備品20百万円，地方債80百万円，退職給付引当金60百万円の権利および義務を承継させることとしたが，債務超過となったために，45百万円の追加出資を実施した。この場合の設立時の貸借対照表は，図表5－7のようになります。

**図表5−7　設立時の貸借対照表（例2）**

設立時の貸借対照表　（単位：百万円）

| （資産の部） | | （負債の部） | |
|---|---|---|---|
| 預金 | 45 | 移行前地方債 | |
| 土地 | 50 | 償還債務 | 80 |
| 建物 | 30 | 退職給付引当金 | 60 |
| 工具器具備品 | 20 | 負債合計 | 140 |
| | | （純資産の部） | |
| | | 資本金 | 5 |
| | | 純資産合計 | 5 |
| 資産合計 | 145 | 負債純資産合計 | 145 |

（注）地方債は設立団体への債務として承継する。



## (3) 権利および義務の承継に加え無償譲渡も実施して設立する場合

土地50百万円，建物30百万円の権利および義務を承継させるとともに，工具器具備品40百万円を設立団体から無償譲渡された。この場合の設立時の貸借対照表は，図表5−8のようになります。

**図表5−8　設立時の貸借対照表（例3）**

設立時の貸借対照表　（単位：百万円）

| （資産の部） | | （負債の部） | |
|---|---|---|---|
| 土地 | 50 | 資産見返物品 | |
| 建物 | 30 | 受贈額 | 40 |
| 工具器具備品 | 40 | | |
| | | 負債合計 | 40 |
| | | （純資産の部） | |
| | | 資本金 | 80 |
| | | 純資産合計 | 80 |
| 資産合計 | 120 | 負債純資産合計 | 120 |

## (4) まとめ

地方独立行政法人の設立に当たり，①現物出資，②無償譲渡（譲与），③権利の承継のいずれのスキームを選択するかの検討の際，留意すべきことは，下記のような固定資産の減価償却費について，診療報酬等の収益により回収すべき費用をどこまで求めるかです。

**【主な固定資産の減価償却費の内容】**

- 病院建物の減価償却費
- 病院建物に係る電気設備，排水設備などの建物附属設備の減価償却費
- 医療器具などの備品の減価償却費

①現物出資および③権利の承継のスキームを選択した場合

その固定資産に係る減価償却費は，損益計算書の費用として計上され，損益にマイナスの影響を与えることから，診療報酬等の収益により回収することが求められます。

②無償譲渡（譲与）のスキームを選択した場合

損益計算書の費用として減価償却費を計上するのは上述と同様ですが，その資産は設立団体から無償譲渡をうけたため，法人としてはその経済的便益を収益として認識する必要があります。そこで地方独立行政法人会計基準（公営企業型）では，減価償却費と同額の収益を損益計算書に計上することを求めています（資産見返物品受贈額戻入）。このような会計処理を行うことにより損益への影響はゼロになります。

この点を十分に検討して，①現物出資，②無償譲渡，③権利の承継の範囲を検討する必要があります。

スキームの違いを図表5－9にまとめています。

図表5−9　現物出資，無償譲渡，権利の承継のまとめ

| 区分 | 考え方 | 特徴 |
| --- | --- | --- |
| 現物出資 | 設立団体が所有する財産・物品のうち，長期安定的に法人の財産的基礎となるもの | ・貸方には「資本金」が計上される<br>・減価償却費は，費用として損益にマイナスの影響を与える（償却費は料金収入により賄う必要がある） |
| 無償譲渡 | 設立団体が管理している財産・物品のうち，長期安定的基礎の考え方になじまないもの | ・貸方には「資産見返物品受贈額」が計上される<br>・減価償却費は，費用として損益にマイナスの影響を与えるが，資産見返物品受贈額戻入が同額収益として計上されるため，結果的に損益への影響はゼロとなる（資産見返物品受贈額戻入の計上により，償却費のうち料金収入により賄うべき額は軽減される） |
| 権利の承継 | 移行型地方独立行政法人に適用されるもの | ・権利義務に係る承継のなかで設立団体の所有する財産・物品が承継される |

# 3　期中の会計処理

## (1) 収益・費用の認識基準

地方独立行政法人会計基準（公営企業型）では，収益および費用を図表5−10のように定義した上で，費用の認識について発生主義を採用するとともに，収益の認識については実現主義を採用しています。

**図表5－10　収益・費用・発生主義・実現主義の定義**

| 内容 | 定義 |
|---|---|
| 収益<br>（基準20，注16） | 公営企業型地方独立行政法人の収益とは，サービスの提供，財貨の引渡又は生産その他の公営企業型地方独立行政法人の業務に関連し，その資産の増加又は負債の減少（又は両者の組合せ）をもたらす経済的便益の増加であって，公営企業型地方独立行政法人の財産的基礎を増加させる資本取引によってもたらされるものを除くものをいう。 |
| 費用<br>（基準21，注17） | 公営企業型地方独立行政法人の費用とは，サービスの提供，財貨の引渡又は生産その他の公営企業型地方独立行政法人の業務に関連し，その資産の減少又は負債の増加（又は両者の組合せ）をもたらす経済的便益の減少であって，公営企業型地方独立行政法人の財産的基礎を減少させる資本取引によってもたらされるものを除くものをいう。 |
| 発生主義<br>（基準39第１項） | 公営企業型地方独立行政法人に発生したすべての費用及び収益は，その支出及び収入に基づいて計上し，その発生した期間に正しく割り当てられるように処理しなければならない。 |
| 実現主義<br>（基準39第２項） | 未実現収益は，原則として，当期の損益計算に計上してはならない。 |

## （2）病院関連収益

病院に係る取引のうち特徴的なのは，医療保健制度のもとで成り立っている診療行為に伴う診療収入取引です。病院における診療行為の発生から入金までのフローは，図表5－11のようになっています。

**図表5−11　診療報酬請求の仕組**

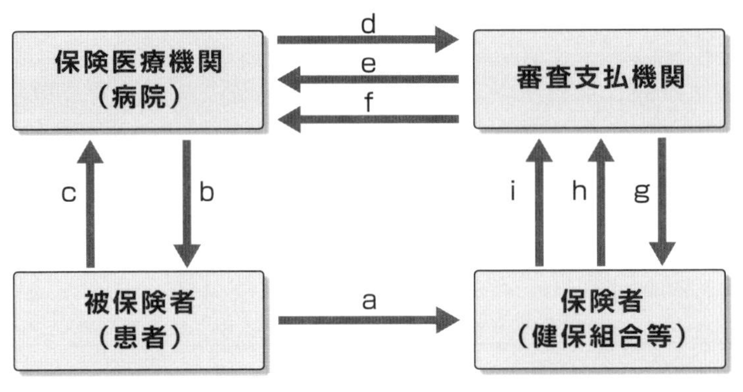


a：保険料納入
b：診療行為
c：患者個人負担分支払
d：診療報酬請求
e：診療報酬支払
f：査定減返戻通知
g：審査済請求書送付
h：診療報酬支払
i：過誤減点返戻通知

実現主義の原則に従い，診療行為が行われた時点で債権および収益を認識します。具体的には，以下のような医業債権や医業収益が計上されることが考えられます。

**【医業債権】**

- 保険未収金：支払基金および国保連合会へ請求する診療債権
- 患者未収金：患者へ請求する診療債権
- その他医業未収金：診断書等の文書作成料およびその他の診療行為に基づく債権

**【医業収益】**

- 入院収益：入院患者の診療に係る収益（保険給付分と患者負担分）
- 室料差額収益：特別室，個室等の入院差額負担分
- 外来収益：外来患者の診療に係る収益（保険給付分と患者負担分）
- その他の医業収益：診断書等の文書作成料，各種健康診断，人間ドッ

グ，予防接種等およびその他の診療行為による医業収益

• 保険等査定減：支払基金等から受けた査定減で，診療収益のマイナス項目

## 設　例

以下の設例では，保険者に対する請求から入金までの流れについて，それぞれの会計処理を説明しています。

### ①　保険請求に係る会計処理

#### a．保険請求（レセプト請求）

**説 例**

３月中の診療について，翌４月10日に審査支払機関にレセプトで請求する額は以下の金額であった。

| | （単位：千円） |
|---|---|
| 入院診療 | 40,000 |
| 外来診療 | 10,000 |
| 計 | 50,000 |

**仕訳例**

| 借方 | 医業未収金 | 50,000 | 貸方 | 入院収益 | 40,000 |
|---|---|---|---|---|---|
| | | | | 外来収益 | 10,000 |

（帳簿計上日　３月31日）

**解　説**

診療収益は，診療行為を行った日に収益を計上することとなります（実現主義）が，実務上，日々収益計上を行うことが煩雑であることや，診療報酬計算が１ヶ月ごとに計算されることから，１ヶ月分をまとめて診療月に収益計上することが現実的です。

## b. 保険請求（保留レセプト）

**説 例**

3月末の請求保留残高は，2,000千円（すべて入院分）ある。

**仕訳例**

①月末の処理

| 借方 | 医業未収金 | 2,000 | 貸方 | 入院収益 | 2,000 |
|---|---|---|---|---|---|

（帳簿計上日　3月31日）

②翌月初の処理

| 借方 | 入院収益 | 2,000 | 貸方 | 医業未収金 | 2,000 |
|---|---|---|---|---|---|

（帳簿計上日　4月1日）

**解　説**

請求保留をしていても，診療行為はすでに行われていますので，収益の計上基準である実現主義の要件を満たしています。したがって，請求保留分も，診療行為の実施月に収益計上します。ただし，実務上煩雑であるため，請求保留額の月末残高を未収計上することが現実的です。

請求保留額の未収計上は，決算月以外の月次決算では実施していない病院も多く存在しますが，決算月である3月末には必ず計上する必要があります。

なお，請求金額は確定していませんので，概算金額によって計上することとなります。

## c. 保険請求（返戻）

**説 例**

5月15日に3月分請求について，レセプトの返戻2,000千円（すべて入院分）の通知を受けた。

**仕訳例**

①返戻時に収益を取消す方法

＜返戻時＞

| 借方 | 入院収益 | 2,000 | 貸方 | 医業未収金 | 2,000 |
|---|---|---|---|---|---|

（帳簿計上日　5月15日）

＜再請求時＞

| 借方 | 医業未収金 | 2,000 | 貸方 | 入院収益 | 2,000 |
|---|---|---|---|---|---|

（帳簿計上日　再請求の月末）

②返戻時には収益を取消さない方法

＜返戻時＞

仕訳なし

＜再請求時＞

仕訳なし（請求額の変更がない場合）

**解　説**

返戻時に収益を取消す方法または返戻時には収益を取消さない方法のいずれかによって，処理することが考えられますが，地方独立行政法人では，返戻時に収益を取消す方法での処理が一般的です。

### d. 保険請求（査定減）

**設例**

5月15日に3月分請求額について，査定減1,500千円が通知された。

**仕訳例**

| 借方 | 保険等査定減 | 1,500 | 貸方 | 医業未収金 | 1,500 |
|---|---|---|---|---|---|

（帳簿計上日　5月15日）

解　説

査定減の通知がなされた時点で，医業未収金の減額と診療収益のマイナス処理（保険等査定減）を行います。

## 返戻・査定減の処理

設例ｃ，ｄのように返戻と査定減の処理は，その通知を受けた月に処理することが一般的です。このような処理は，地方独立行政法人の会計基準等には記載されていませんが，「「国立大学法人会計基準」および「国立大学法人会計基準注解」に関する実務指針」の記載に基づくものです。

Q13―8　附属病院における診療報酬債権の発生はいつ認識するのか。また，社会保険診療報酬支払基金等からレセプトの返戻や減額査定があったとき，会計処理はどうするのか。

1．診療報酬債権の発生は，実現主義の原則から診療行為の都度認識することになるが，社会保険診療報酬支払基金等（以下「支払基金等」）への請求分については月ごとに取りまとめるため，基本的には月を単位として診療報酬債権の発生を認識することになる。

2．支払基金等からレセプトの返戻があったときは，その相当額に係る診療報酬債権について減額し，再度請求を行う際に新規の診療報酬債権として認識する会計処理か，返戻時には特段の会計処理を行わず，その後，請求額の変更があったときにその相当額のみを増減させる会計処理のいずれかとなる。また，減額査定があったときは，当該減額査定の通知を受けたときに附属病院収入の減少として処理することとする。

なお，減額査定は，附属病院が認識した診療報酬債権額が保険者により修正されるものであり，減額査定額について債権の発生自体が取り消されるものである。したがって，確定した債権が徴収不能となるものではないので，徴収不能引当金の計上の対象とはならない。

## ② 患者請求に係る会計処理

### a. 患者への請求（現金による収納）

**説例**

3月19日の現金（クレジットカード等を除く）による収納は，1,100千円であった。

（内訳）　外来診療収入　500千円
　　　　　入院診療収入　500千円
　　　　　文書料　100千円

**仕訳例**

| 借方 | 現金 | 1,100 | 貸方 | 外来収益 | 500 |
|---|---|---|---|---|---|
| | | | | 入院収益 | 500 |
| | | | | その他の医業収益 | 100 |

（帳簿計上日　3月19日）

**解　説**

診療収益のうち患者個人負担分については，通常，診療当日に収納されますので，その都度会計処理を行う必要がありますが，収益計上については月次でまとめて計上する事例もあります。

### b. 患者への請求（クレジットカード等による収納）

**説例**

3月19日のクレジットカードによる収納は，2,000千円（外来分1,000千円，入院分1,000千円）であった。

**仕訳例**

| 借方 | 医業未収金 | 2,000 | 貸方 | 外来収益 | 1,000 |
|---|---|---|---|---|---|
| | | | | 入院収益 | 1,000 |

（帳簿計上日　3月19日）

**解　説**

クレジットカード等による収納は，医業未収金に計上するとともに，診療内容別に収益を計上します。また，デビッドカードも同様の処理を行います。

なお，クレジットカードによる収納についても，その都度会計処理を行う必要があります。

### c. 患者への請求（患者未収金）

**説例**

3月末の患者未収金残高は，50,000千円（外来分20,000千円，入院分30,000千円）であった。

**仕訳例**

①月末の処理

| 借方 | 医業未収金 | 50,000 | 貸方 | 外来収益 | 20,000 |
|---|---|---|---|---|---|
| | | | | 入院収益 | 30,000 |

（帳簿計上日　3月31日）

②翌月初の処理

| 借方 | 外来収益 | 20,000 | 貸方 | 医業未収金 | 50,000 |
|---|---|---|---|---|---|
| | 入院収益 | 30,000 | | | |

（帳簿計上日　4月1日）

**解　説**

収益の認識時点は診療行為を完了したときですが，その都度，未収金の計上および消し込みを行うことは煩雑です。そこで，日々は現金収納時に収益を計上し，月末に未収金部分について収益を計上することも考えられます。この場合には，月末の処理を翌月初に取消すことで，翌月末も同様の処理を行うことになります。

なお，財務会計の外（医事会計など）では，患者未収金管理簿を作成し，日々の未収金計上および消し込みを行う必要があります。

# 4　公営企業型地方独立行政法人特有の会計処理

## (1) 資本助成または経常費助成の運営費負担金等

公営企業型地方独立行政法人では，独立採算原則の例外として，設立団体から運営費負担金を受領することや，設立団体が任意に交付するものとして運営費交付金を受領することが考えられます。また，補助金や工事負担金などを受領することも考えられます。

償却資産の取得にこれらの財源を充てる場合には，設立団体と公営企業型地方独立行政法人の間で，当該財源の交付が，資本助成目的か，経常費助成目的かを中期計画等において事前に明らかにしておくことが求められています（基準第78）。

**【基準第78】**

運営費負担金，運営費交付金，補助金等及び工事負担金等（以下この節において「運営費負担金・補助金等」という。）により固定資産を取得する場合の会計処理公営企業型地方独立行政法人においては，償却資産の取得に運営費負担金・補助金等を充てることが想定される。この運営費負担金・補助金等については，取得原資拠出者の意図や取得資産の内容等を勘案し，公営企業型地方独立行政法人の財産的基礎を構成するもの（以下「資本助成のための運営費負担金・補助金等」という。），又は財産的基礎を構成しないもの（減価償却費に対する助成であるものを含む。以下「経常費助成のための運営費負担金・補助金等」という。）の区分を設立団体と公営企業型地方独立行政法人の間で中期計画等において事前に明らかにしておくこととする。

この区分に従って，流動負債に整理された運営費負担金債務，運営費交付金債務，預り補助金等又は預り工事負担金等により償却資産を取得した際に，資本助成のための運営費負担金・補助金等とされた相当額については資本剰余金として計上し，経常費助成のための運営費負担金・補助金等については，固定負債の資産見返負債として計上する。

資本助成と経常費助成の主な相違点は，図表5－12のとおりです。

**図表5－12　資本助成と経常費助成の特徴**

| 区分 | 考え方 | 特徴 |
| --- | --- | --- |
| 資本助成 | 法人の財産的基礎を構成するもの | ・受領時に運営費負担金債務等を計上<br>・資産取得時に資本剰余金へ振替<br>・基準第85の適用を受けた場合には，損益外減価償却累計額として損益外での償却<br>・基準第85の適用を受けない場合には，減価償却費の計上が必要であり，損益にマイナスの影響 |
| 経常費助成 | 法人の財産的基礎を構成しないもの | ・受領時に運営費負担金債務等を計上<br>・資産取得時に資産見返勘定へ振替<br>・減価償却費の計上に応じて，資産見返勘定を収益化するため，結果的に損益への影響なし |

## 設　例

**説 例**

４月10日に資本助成の運営費負担金30,000千円と経常費助成の運営費負担金15,000千円の交付を受けた。

その後，７月20日に15,000千円の消耗品（経常費助成）を購入し，10月15日に30,000千円の建物（資本助成）を購入した。

決算にあたり，建物の減価償却費を150千円計上した。

なお，当該建物は基準第85にいう特定施設に該当しない。

**仕訳例**　**運営費負担金交付時**

| 借方 | 現金 | 45,000 | 貸方 | 運営費負担金債務 | 45,000 |
|---|---|---|---|---|---|

**仕訳例**　**消耗品購入時**

| 借方 | 消耗品費 | 15,000 | 貸方 | 現金 | 15,000 |
|---|---|---|---|---|---|
| 借方 | 運営費負担金債務 | 15,000 | 貸方 | 運営費負担金収益 | 15,000 |

**仕訳例**　**建物購入時**

| 借方 | 建物 | 30,000 | 貸方 | 現金 | 30,000 |
|---|---|---|---|---|---|
| 借方 | 運営費負担金債務 | 30,000 | 貸方 | 資本剰余金 | 30,000 |

**仕訳例**　**減価償却費の計上**

| 借方 | 減価償却費 | 150 | 貸方 | 建物 | 150 |
|---|---|---|---|---|---|

**解　説**

運営費負担金の交付決定時には何ら会計処理は実施せず，実際に交付を受けた段階で運営費負担金債務を計上します。また，資本助成目的と経常費助成目的の運営費負担金で会計処理が異なることにも注意が必要です。

## 運営費負担金①

運営費負担金は，地方独立行政法人法第85条の財源措置の特例として，以下の経費は設立団体が負担するものとすることが記載されています。

1．その性質上当該公営企業型地方独立行政法人の事業の経営に伴う収入をもって充てることが適当でない経費
2．当該公営企業型地方独立行政法人の性質上能率的な経営を行ってもなおその事業の経営に伴う収入のみをもって充てることが客観的に困難であると認められる経費

公営企業型地方独立行政法人では独立採算性が原則ですが，上記の経費はその例外であり，設立団体が運営費負担金として義務的に負担するものとなります。

このように公営企業型地方独立行政法人の運営にとって，設立団体からの運営費負担金の交付は必要不可欠なものとなっています。一方で，上記の経費の見積りの精度や精算方法等については，各設立団体で異なっています。

## 運営費負担金②

「当事業年度は業績が好調で，未処分利益が多く発生しそうなので，翌事業年度は運営費負担金が減らされそうだ。」

どこかで聞き覚えのある，また，常日頃懸念されている事項だという読者の方はたくさんいらっしゃるのではないでしょうか。しかし，上記は適切な理解に基づく発言とは言い難いものです。一度，以下の2点について整理してみてください。

1．運営費負担金とは

運営費負担金とは，コラム１でも記載したとおり，独立採算制の例外として設立団体が義務的に負担するものです。そのため，病院の業績が好調で未処分利益が多く発生したからといって，すぐに翌事業年度以降の運営費負担金を減らすという考え方は適切ではありません。まずは，なぜ，病院で未処分利益が多く発生したかを検証する必要があります。その結果，運営費負担金の交付時に想定していたときよりも，実際の運営費負担金見合いの費用が少なかった場合等には，運営費負担金を削減するという検討も可能です。一方，運営費負担金見合いの費用は当初の想定どおりに発生し，未処分利益が多く発生した理由は，病院での経営努力によるものという場合も考えられます。そのような場合にも，翌事業年度以降の運営費負担金を削減するというのは，少し乱暴な理屈のような気がします。病院の経営努力により獲得した未処分利益については，将来の病院の建替えや医療機器の購入等のために適切に積立を行うべきです。

2．運営費負担金の精算について

会計基準注解66によれば，「公営企業型地方独立行政法人においては，運営費負担金等をこの中期目標の期間の終了時に精算するという考えに立っていることから，…」と記載されています。つまり，単年度の精算は想定していないので，未処分利益が多く発生したからといって，翌事業年度の運営費負担金が削減されるという考えも当然に想定されていません。

平成27年４月１日現在に地方独立行政法人化されている法人のうち，HP等で財務諸表を入手できる法人を対象に調査したところ，全国の法人で900億円超の運営費負担金を受領していました（平成26年度決算)。運営費負担金は，設立団体が義務的に負担するものですが，運営費負担金を受領した法人においても，その使用内容を適切に説明する義務があると考えます。当該運営費負担金の取扱いのうち，交付する際の基準および使用について報告する際の基準が定まっていない場合が多いのが現状ではないでしょうか。今後，公営企業型地方独立行政法人が安定的な発展を遂げるためには，これらの基準の整備を設立団体と法人の両者が建設的な協議を行い実現させる必要があるのではないでしょうか。

## (2) 固定資産の減損会計

2008（平成20）年11月に，「固定資産の減損に係る地方独立行政法人会計基準」（以下，減基とする）および「固定資産の減損に係る地方独立行政法人会計基準注解」が公布され，公営企業型地方独立行政法人については，平成22年度から適用されています。

固定資産の減損会計の目的は，ⅰ）貸借対照表に計上される固定資産の過大な帳簿価額を適正な金額まで減額すること，ⅱ）公営企業型地方独立行政法人の経営成績を明らかにすることにあるとされています（減基第１）。

独立採算性の原則に基づく業務運営が想定される公営企業型地方独立行政法人については，効率的な経営を促す観点から，基本的に企業会計の固定資産の減損に係る会計基準の考え方が採用されています。ただし，公営企業型地方独立行政法人の公共性などに配慮し，企業会計ベースの会計基準に所定の調整が図られています（減QA0－1）。

公営企業型地方独立行政法人について，固定資産の減損会計を適用するにあたっては，４段階のステップを経ることとなります（図表5－13）。

**図表5－13　減損会計の概要**

| 段階 | 実施事項 |
|---|---|
| 第1段階 | 資産のグルーピング |
| 第2段階 | 減損の兆候有無の調査 |
| 第3段階 | 減損損失の認識要否の判定 |
| 第4段階 | 減損損失の測定 |

### ・第１段階　資産のグルーピング

固定資産のグルーピングは，他の固定資産または固定資産グループのキャッシュ・フローから概ね独立したキャッシュ・フローを生み出す最小の単位で行うこととされ，企業会計の減損基準と大きな相違はありません（減基第８）。

また，病院事業を行う公営企業型地方独立行政法人については，病院単位で一つの固定資産グループとすることが適当とされ，複数の病院を経営する公営企業型地方独立行政法人には，複数の固定資産グループが存在することになるとされています（減QA8－1）。

### ・第２段階　減損の兆候有無の調査

固定資産の減損とは，固定資産の収益性の低下により投資額の回収が見込めなくなった状態その他固定資産の将来の経済的便益が著しく減少した状態をいうとされています（減基第１）。

その上で，固定資産または固定資産グループに減損が生じている可能性を示す事象（減損の兆候）がある場合には，次の段階である減損損失の認識要否の判定を行うことになります。

減損の兆候として，以下が例示されています（減基第３）。

- 固定資産または固定資産グループが使用されている営業活動から生ずる損益またはキャッシュ・フローが，継続してマイナスとなっているか，あるいは，継続してマイナスとなる見込みであること。
- 固定資産または固定資産グループが使用されている範囲または方法について，当該資産または資産グループの回収可能価額を著しく低下させる変化が生じたか，あるいは，生じる見込みであること
- 固定資産または固定資産グループが使用されている事業に関連して，経営環境が著しく悪化したか，あるいは，悪化する見込みであること
- 固定資産または固定資産グループの市場価格が著しく下落したこと

### ・第３段階　減損損失の認識要否の判定

減損の兆候が認められた固定資産または固定資産グループについて，減損

損失の認識要否を判定するために，当該固定資産または固定資産グループから得られる割引前将来キャッシュ・フローの総額と帳簿価額の比較を実施します。

割引前将来キャッシュ・フローの総額が帳簿価額を下回る場合には，減損損失を計上する必要がありますが，上回る場合には減損損失の計上は不要となります。

・**第4段階　減損損失の測定**

減損損失を認識すべきであると判定された固定資産または固定資産グループについては，帳簿価額を回収可能価額まで減額し，その減少額を減損損失として臨時損失に計上することになります（減基第5，13)。ただし，特定施設である固定資産については，減損損失を損益計算書に計上せず，資本剰余金の控除項目にすることになります（減基第15)。

## (3) 不要財産の納付

### ①地方独立行政法人法の改正

地方独立行政法人法の改正（平成26年4月1日施行）により，主に以下の3点が改正されました。

1．特定地方独立行政法人（公務員型）から一般地方独立行政法人（非公務員型）への定款変更について
2．不要財産に関する出資団体への返還について
3．地方独立行政法人同士の合併について

上記のうち，不要財産に関する出資団体の返還については病院の建替え・移転時等に考慮すべき事項であり，多くの公営企業型地方独立行政法人で直面する可能性の高い論点であるため，以下で説明します。

### ②不要財産の納付について

地方独立行政法人は，業務の見直し，社会経済情勢の変化その他の事由により，その保有する重要財産であって条例で定めるものが将来にわたり業務

を確実に実施する上で必要がなくなったと認められる場合において，当該財産が地方公共団体からの出資または設立団体からの支出に係るものであるときは，第42条の２の規定により，当該財産を処分しなければならないとされています。

（法第42条の２の概要）

1．出資等に係る不要財産は，地方公共団体に納付する。
2．不要財産を譲渡し，その収入を納付することができる。
3．不要財産の譲渡により生じた簿価超過額があるときは，これを納付する。ただし，その全部又は一部について，納付しないことができる場合もある。
4．当該不要財産の納付（出資等団体からの出資に係るものであるとき）を実施した場合は，当該出資等団体からの出資はなかったものとし，その額により資本金を減少するものとする。
5．設立団体の長は，１項又は２項の規定を認可しようとするとき，予め，評価委員会の意見を聴くとともに，議会の議決を経なければならない。
6．設立団体の長は，３項ただし書の規定を認可しようとするとき，予め，評価委員会の意見を聴かなければならない。
7．出資等に係る不要財産の処分に関し必要な事項は，政令で定める。

総務省から2014（平成26）年３月31日に発出された「地方独立行政法人会計基準及び地方独立行政法人会計基準注解の改訂について」によると，不要財産納付手続きの概要は以下のとおりです。

## ③不要財産の納付に関する会計処理について

1．不要財産納付に伴う資本金等の減少に係る会計処理

(1)　地方独立行政法人が不要財産を納付した場合において，当該納付に係る不要財産が地方公共団体からの出資に係るものであるときは，法人の

資本金のうち当該不要財産に係る部分として設立団体の長が定める金額により資本金を減少する。

⑵　地方独立行政法人が不要財産を納付した場合において，当該不要財産の取得時に資本剰余金が計上されているときは，法人の資本剰余金のうち当該不要財産に係る部分を資本剰余金から減少する。

2．不要財産納付に伴う譲渡取引に係る会計処理

⑴　不要財産納付に係る譲渡取引のうち，設立団体の長が指定した譲渡取引については，当該譲渡取引により生じた譲渡差額を損益計算上の損益には計上せず，資本剰余金を減額又は増額する。

⑵　設立団体の長が指定した譲渡取引については，当該譲渡取引に要した費用のうち，設立団体の長が納付額からの控除を認める費用については，損益計算上の費用には計上せず，資本剰余金を減額する。

・譲渡収入による不要財産納付を行う場合の譲渡取引について，当該譲渡取引により生じた譲渡差額等を法人の損益に計上することが不適当な場合が生じうるため，このような取引を行う場合の会計処理について規定する必要がある。

3．その他

不要財産納付を行った場合における，満期保有目的の債券の保有目的の変更，キャッシュ・フロー計算書の様式などについて必要な規定の整備を行う。

具体的には，以下の設例のような会計処理が考えられます。

（設例　設立時）

KPMG市民病院は，×0年4月1日に以下の資産の出資，負債の承継を受けて公営企業型地方独立行政法人に移行した。

1．設立時

（出資財産）

・病院資産として土地60，建物40

なお，いずれの資産も特定施設ではない。

（承継する負債）
・地方債80
なお，当該地方債は，全て病院整備のための土地・建物の取得に要したものである。

**仕訳例**　**設立時**

| 借方 | 土地 | 60 | 貸方 | 地方債 | 80 |
|---|---|---|---|---|---|
| 借方 | 建物 | 40 | 貸方 | 資本金 | 20 |

（設例　不要財産の納付時）
×３ 年末のBSは以下のとおりである。

| （借） | | （貸） | |
|---|---|---|---|
| 土地 | 60 | 地方債 | 30 |
| 建物 | 40 | 資本金 | 20 |
| | | 利益剰余金 | 50 |

病院の一部移転に伴い土地の一部20が不要となったので，土地を20で売却し，現金にて不要財産の納付を行った。

〔参考〕
地独法第44条第１項の条例で定める重要な財産は，予定価格10以上の不動産もしくは動産等である。

**仕訳例**　**土地の売却**

| 借方 | 現金 | 20 | 貸方 | 土地 | 20 |
|---|---|---|---|---|---|

**仕訳例**　**不要財産の納付**

| 借方 | 資本金(*1) | 4 | 貸方 | 現金 | 20 |
|---|---|---|---|---|---|
| 借方 | 臨時損失 | 16 | | | |

（*1）減資する資本金＝20×（60＋40△80）／（60＋40）

出資時の資産に対する資本金の割合を用いて不要財産の金額を算定することになります。

## (4) キャッシュ・フロー計算書と行政サービス実施コスト計算書

地方独立行政法人会計基準（公営企業型）では，キャッシュ・フロー計算書および行政サービス実施コスト計算書について，次のように規定しています。

| 基準第44 | キャッシュ・フロー計算書は，公営企業型地方独立行政法人の一会計期間におけるキャッシュ・フローの状況を報告するため，キャッシュ・フローを一定の活動区分別に表示しなければならない。 |
|---|---|
| 基準第46 | 行政サービス実施コスト計算書は，納税者である住民等の行政サービスに対する評価・判断に資するため，一会計期間に属する地方独立行政法人の業務運営に関し，行政サービス実施コストに係る情報を一元的に集約して表示する。 |

これらは，いずれも貸借対照表や損益計算書等の会計情報を元に作成されることになり，その関係は図表5－14のようになります。

図表5－14　会計情報間の関係

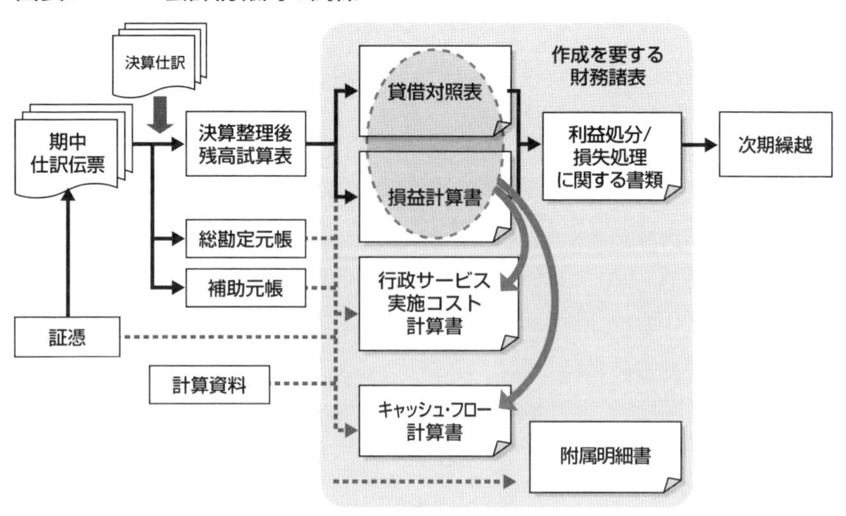

## ① キャッシュ・フロー計算書

キャッシュ・フロー計算書は，公営企業型地方独立行政法人の一会計期間におけるキャッシュ・フローの状況，すなわち一会計期間における資金の変動状況を報告するための書類です（図表5－15）。

地方独立行政法人会計基準（公営企業型）では，キャッシュ・フロー計算書が対象とする資金の範囲を手許現金および要求払預金としています（基準第22）。なお，要求払預金としては，当座預金，普通預金，通知預金，これらの預金に相当する郵便貯金が該当するとされています（注19）。

### 図表5－15　キャッシュ・フロー計算書の標準様式

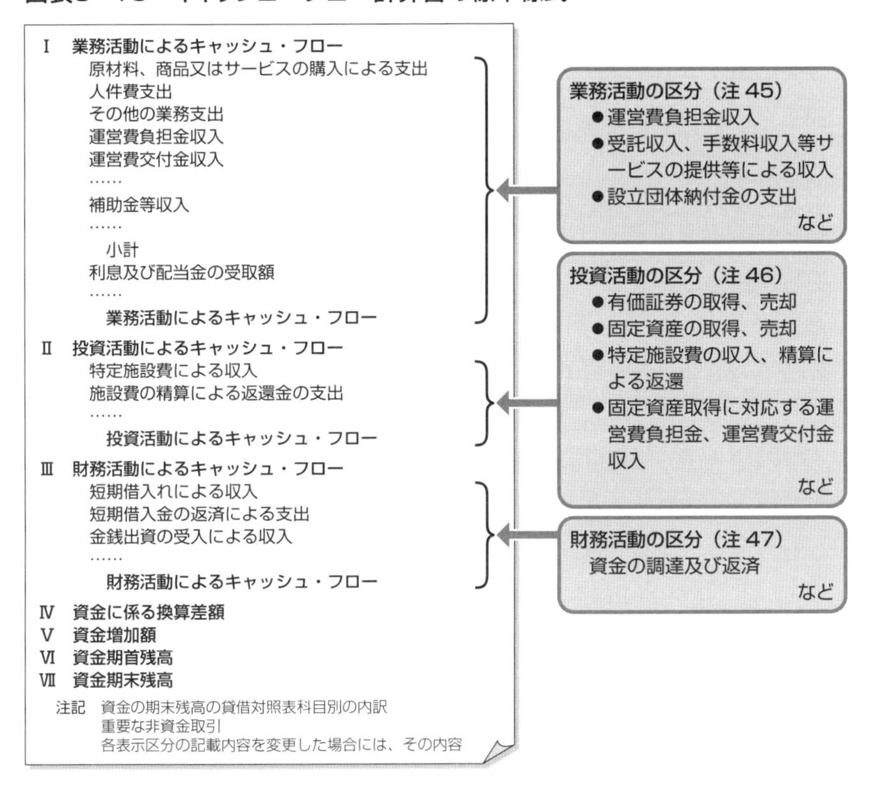

また，キャッシュ・フロー計算書では，ⅰ業務活動によるキャッシュ・フロー，ⅱ投資活動によるキャッシュ・フロー，ⅲ財務活動によるキャッシュ・フロー，の各活動区分別に表示することが求められています（基準第65）。

地方独立行政法人会計基準（公営企業型）では，各活動区分別に表示すべきキャッシュ・フローは，次のように規定されています（注44）。

**業務活動によるキャッシュ・フロー**

地方独立行政法人の通常の業務の実施に係る資金の状態を表すため，サービスの提供等による収入，原材料，商品又はサービスの購入による支出等，投資活動及び財務活動以外の取引によるキャッシュ・フローを記載する。

**投資活動によるキャッシュ・フロー**

固定資産の取得等，将来に向けた運営基盤の確立のために行われる投資活動に係る資金の状態を表すため，公営企業型地方独立行政法人の通常の業務活動の実施の基礎となる固定資産の取得及び売却，投資資産の取得及び売却等によるキャッシュ・フローを記載する。

**財務活動によるキャッシュ・フロー**

増減資による資金の収入・支出及び借入れ・返済による収入・支出等，資金の調達及び返済によるキャッシュ・フローを記載する。

### ② 行政サービス実施コスト計算書

行政サービス実施コスト計算書は，公営企業型地方独立行政法人の業務運営に関して，納税者である住民等のコスト負担の状況を明らかにするための書類として作成されます。行政サービス実施コスト計算書の作成目的および損益計算書との関係について，地方独立行政法人会計基準（公営企業型）では，次のように解説しています。

（注41）

行政サービス実施コスト計算書は，公営企業型地方独立行政法人の業務運営に関して住民等が負担するコストを集約し，情報開示の徹底を図り，納税者である住民等の行政サービスに対する評価・判断に資するための書類である。公営企業型地方独立行政法人の損益計算書は法人の経営成績を表示する書類であり，ここに計上される損益は，法人の業績を示す損益であって必ずしも納税者にとっての負担とは一致しない。例えば，運営費負担金収益が増えると，公営企業型地方独立行政法人の損益にはプラスにはたらくが，納税者の負担は逆に増加する。また，損益計算には明示されない減価償却充当補助金，損益計算を通じない場合の減価償却相当額，国又は地方公共団体の財産や出資等を利用することから生じる機会費用等，公営企業型地方独立行政法人の損益計算書等には計上されないが，広い意味で最終的に住民等の負担に帰すべきコストも存在する。行政サービス実施コスト計算書は，これらのコストを集約表示する書類である。

行政サービス実施コスト計算書の標準様式は，図表5－16のようになっています。

**図表5－16　行政サービス実施コスト計算書の標準様式**

Ⅰ業務費用
損益計算書上の費用
○○事業費
一般管理費
財務費用
（控除）自己収入等
○○収益
Ⅱ損益外減価償却相当額
Ⅲ損益外減損損失相当額
Ⅳ機会費用
国又は地方公共団体財産の無償又は減額された使用料による賃借取引の機会費用
地方公共団体出資の機会費用
無利子又は通常よりも有利な条件による融資取引の機会費用
Ⅴ（控除）設立団体納付額
Ⅵ行政サービス実施コスト

「正規の簿記の原則」（注解3）の例外で会計帳簿によらないで作成される部分

# 5 会計監査制度

## (1) 会計監査人監査の概要

地方独立行政法人のうち，以下の条件のいずれかを満たす法人は，その財務諸表，事業報告書（会計に関する部分に限る）および決算報告書について，会計監査人の監査を受けなければなりません（法35条，施行令５条）。

- 事業年度開始の日における資本金の額が100億円以上であること
- 貸借対照表の負債の部に計上した金額の合計が200億円以上であること

地方独立行政法人には財務諸表の作成と公表が義務付けられています（法34条１項，４項）。財務諸表は監事による監査を受けますが，資本の額その他の経営の規模が政令で定める基準に達する法人は，さらに，会計監査人による監査も受ける必要があります（法35条）。

これは，一定規模以上の地方独立行政法人は地域社会に与える影響が大きく，その会計内容も複雑であるため，外部の会計の専門家である会計監査人の監査を行うことで，財務諸表の信頼性を担保しようとするものです。

地方独立行政法人の会計監査を行うにあたっては，会計監査の規範となる監査の基準として，日本公認会計士協会において「地方独立行政法人に対する会計監査人の監査に係る報告書」（平成16年３月24日）が取りまとめられており，法令によって強制されなくても，常に遵守すべき性格のものとされています。

会計監査人は，設立団体の長が任命し（法36条），その選任の日以後最初に終了する事業年度の財務諸表についての設立団体の長による承認時までが任期となっています（法38条）。

## (2) 会計監査人監査の範囲

財務諸表，事業報告書（会計に関する部分に限る）および決算報告書が会計監査人の監査の範囲です（法35条）。

財務諸表とは，貸借対照表，損益計算書，利益の処分または損失の処理に関する書類およびこれらの附属明細書を指し（法34条1項），さらに行政サービス実施コスト計算書およびキャッシュ・フロー計算書も含まれます（基準第40）。

## (3) 会計監査人監査と監事監査との関係

地方独立行政法人が，地方独立行政法人法35条に基づく会計監査人の監査を受ける場合であっても，監事は，会計監査人が監査を行う財務諸表等についても，会計監査人の監査とは別にその職務と権限に基づき監査を行い，当該地方独立行政法人が，事業年度の終了時にその財務諸表を設立団体の長に提出するときは，会計監査人の意見と併せて自らの監査意見を付すものとされています（法34条2項）。監事は，財務諸表等の監査においては，会計監査人が会計の職業的専門家として財務諸表等の監査を行うものであることを前提とし，会計監査人の行った監査の方法とその結果の相当性を自らの責任で判断した上で，その会計監査人の監査の結果を利用し自ら意見を述べることができるとされています（「地方独立行政法人に対する会計監査人の監査に係る報告書」第5章第1節）。このことから，会計監査においては，監事と会計監査人は密接な連絡のもとで監査業務を進める必要があります。

一方，会計監査人監査はあくまで財務諸表等の適正性の監査であるため，業務監査については監事がその制度としての役割を果たしていくことになりますが，会計監査人においても財務諸表に重要な影響を与える違法行為などについては積極的に発見するよう努めなければならず，また，財務諸表に重要な影響を与えるには至らない違法行為などを発見した場合には，監事に対して必要な報告を行うなど適切に対応しなければなりません（「地方独立行政法人に対する会計監査人の監査に係る報告書」第1章第3節）。

# 第6章

# 公立病院の情報システム

**公立病院の経営改革に向けた本章のポイント**

・病院情報システムの概要
・医事会計システムの留意点について
・財務会計システムの留意点について

# 1 公立病院の情報システムの概要

近年，医療の分野でもIT（Information Technology：情報技術）化が進んでおり，公立病院の経営においても，今やITを経営基盤として有効活用することは避けて通れないものとなっています。新ガイドラインにおいても，「病院機能の適切な再編成に取り組むとともに，ICTを活用した医療等の情報連携を行うなど，効果的な医療提供の連携体制の構築に配慮することが適当である。」と述べられるなど，ICTの活用が求められています。なお，ICTとは，Information and Communications Technology（情報通信技術）の略であり，ITに変わる概念として，近年注目を浴びている言葉です。

本節では公立病院の情報システムの概要について，発展の歴史や背景を踏まえながら解説し，次節では各システムの主要機能や留意点について解説していくこととします。

## （1）公立病院の情報システムの全体像

公立病院では，さまざまな部門が連携して患者の診療にあたっており，患者の診療や検査を行い，診療報酬の計算，請求，そして会計仕訳の計上に至るまでには，多くのシステムが関連しています（電子カルテシステム，オーダエントリシステムなどの部門システム等）。また，薬剤や診療材料の購買や在庫の管理を行うためのシステムも存在します（物流管理システム等）。さらには，財務諸表の作成や固定資産の管理を行うためのシステムや，給与計算を行うためのシステムも存在します（財務会計システム，人事給与システム）。

公立病院の情報システムの全体像は，対象法人の業務内容や形態によって異なりますが，会計情報を中心に整理した場合，一般的なイメージとして図表6－1のように捉えることができます。

病院の診療報酬に直接関連するシステムである病院情報システムと，病院

図表6－1　公立病院の情報システムの全体像

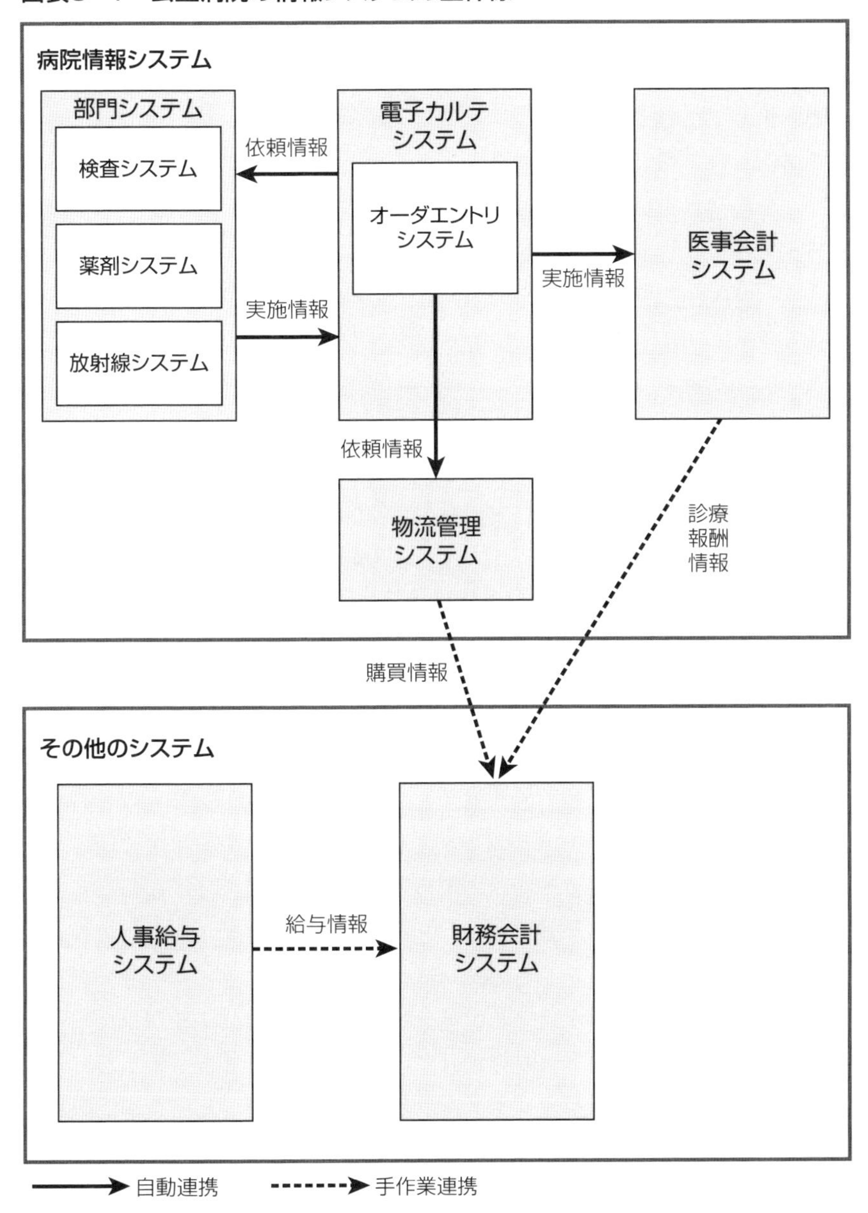

の診療報酬に直接関連しないシステム（その他のシステム）に大別することができます。さらに，病院情報システムは，各部門でのみ利用されることを想定した部門システムと，複数部門間を結ぶためのシステムに区分することができます。なお，財務会計システム，人事給与システムについては，特定の部門において利用されるシステムであることから，部門システムと扱われることもありますが，本書では，病院情報システム以外のシステム（その他のシステム）として扱うことにします。

以下では，これらの公立病院の情報システムのうち，病院情報システムに焦点を当てて，詳細に解説をしていくこととします。

## (2) 病院情報システムの定義と役割

病院情報システム（Hospital Information System）とは，病院の業務を支援する情報システムと定義されることが一般的です。

医療の分野でもIT化が進むにつれて，病院情報システムには，各部門の業務の効率化，複数部門間での情報の共有化，病院経営に資する情報提供，患者サービスの向上などのさまざまな役割が期待されています。

## (3) 病院情報システムの発展の歴史

病院情報システムは，業務の効率化等を目的として，段階的にさまざまなシステムが導入されてきました。導入されてきたシステムのなかでも，業務効率化に大きく寄与したのが，オーダエントリシステムと電子カルテシステムです。これらのシステムについて正確に理解するためには，病院情報システムの発展の歴史について理解することが必要となります。病院情報システムの発展の歴史について示したのが，図表6－2です。

近年では，大手ベンダーによる電子カルテシステムには，サブシステムとしてオーダエントリシステムが含まれていることも増えてきていることもあり，電子カルテシステムやオーダエントリシステムといった言葉が混同して用いられたり，人によって定義が異なったりしています。病院では，複数の部門のさまざまな職種が働いており，これらの言葉を正しく理解した上で，

図表6−2　病院情報システムの発展の歴史

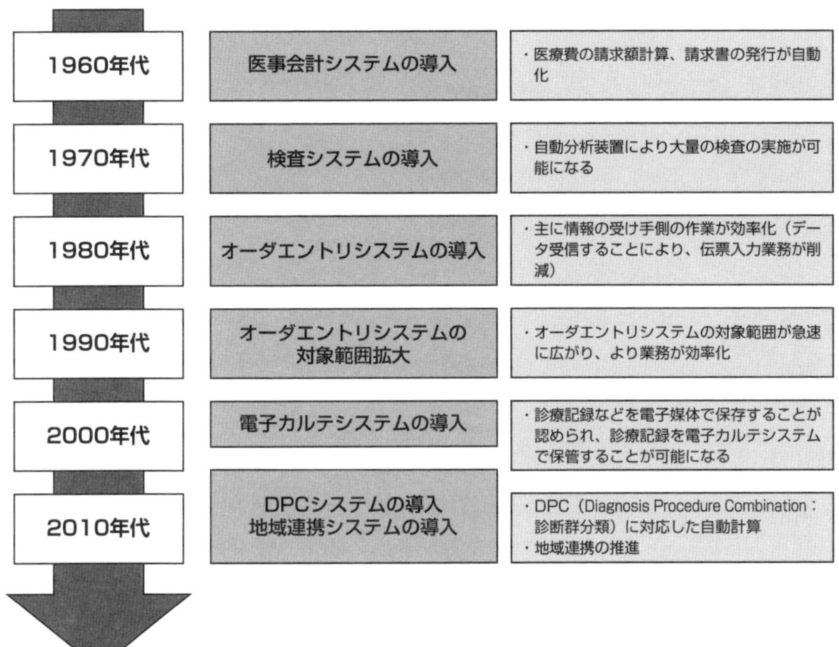


コミュニケーションを行うことが必要となります。なお，電子カルテシステムやオーダエントリシステムの概要や主要な機能等については，次節にて解説を行います。

## （4）病院情報システムに求められる機能要件

病院情報システムは，病院の業務を支援する情報システムであり，病院の職員のほぼ全員が利用するシステムです。病院の業務を安全で，効果的かつ効率的に遂行していくため，病院情報システムには，非常に厳しいさまざまな機能要件が要求されることになります。一般的に，病院情報システムに求められる機能要件を示したのが，図表6−3です。

図表6－3　病院情報システムに求められる機能要件

図表6－3に示したとおり，安全性に関するさまざまな機能要件が求められている一方で，高い操作性や低コストといった要件も求められており，これらの要件を同時に充たしていくことは容易ではありません。病院のIT投資に係るコストは決して少額とはいえないため，病院情報システムに求められる要件を十分に検討した上で，費用対効果等を勘案しながら，適切なIT投資を行うことが必要となります。

# 2 各システムの概要

## （1）電子カルテシステム

### ① 電子カルテシステムの概要

1999年（平成11年）４月に，厚生省（現厚生労働省）から「診療録等の電子媒体による保存について」の通達が出され，いわゆる「電子保存の３原則」を確保することを条件に，法的に保存が義務付けられている診療録等の文書の電子保存が容認されました。これを機に，電子カルテシステムが導入されました。

一般的に，電子カルテシステムとは，診療録等の情報を，コンピュータを用いて電子的に記録・保存するシステムのことを指します。また，「電子保存の3原則」とは，「診療録等の電子媒体による保存について」および「医療情報システムの安全管理に関するガイドライン（厚生労働省）」により，電子カルテシステムに確保することが求められる「真正性」「見読性」「保存性」の3つの原則であり，図表6－4のように示されます。

「電子保存の3原則」に関しては，各医療機関が，委託先（システムベンダー）任せにすることなく，主体的に責任をもって対応することが求められています。前記のガイドラインでは，医療機関と委託先の責任分界についても明示されているほか，各医療機関に求められる具体的責任として説明責任，管理責任，定期的に見直し改善を行う責任等が規定されています。

一般的な電子カルテシステムの主要機能，および関連システムとの関係を示したのが，図表6－5です。

**図表6－4　電子保存の3原則**

**真正性**

- 故意または過失による虚偽入力，書き換え，消去及び混同を防止すること
- 作成の責任の所在を明確にすること

**見読性**

- 情報の内容を必要に応じて肉眼で見読可能な状態に容易にできること
- 情報の内容を必要に応じて直ちに書面に表示できること

**保存性**

- 電磁的記録に記録された事項について，保存すべき期間中において復元可能な状態で保存することができる措置を講じていること

出所：厚生労働省（2016）「医療情報システムの安全管理に関するガイドライン 第4.3版」3月。

図表6−5　電子カルテシステムの主要機能と関連システム

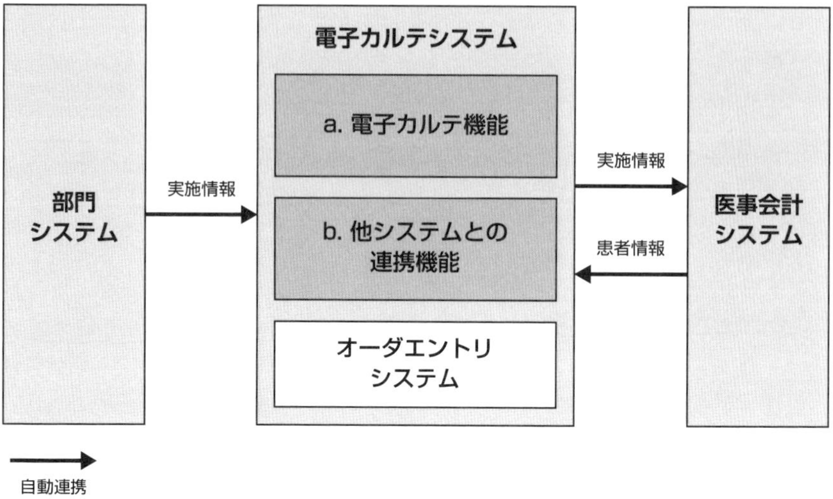

部門システム

実施情報

電子カルテシステム

a. 電子カルテ機能

b. 他システムとの連携機能

オーダエントリシステム

実施情報

患者情報

医事会計システム

自動連携

## ② 電子カルテシステムの主要機能

### a．電子カルテ機能

電子カルテシステムの最も主要となる機能はカルテ機能であり，医師が診療の経過等を電子カルテシステムに入力することで，診療録等の記録が電子カルテシステムのデータベースに保存されます。「電子保存の3原則」を確保するため，情報作成者の識別・認証を確実に行うこと，操作者の権限に応じてアクセスできる情報を制限することなどの事項が，厚生労働省の「医療情報システムの安全管理に関するガイドライン」で求められています。

### b．他システムとの連携機能

電子カルテシステムにて入力された診療行為の情報は，医事会計システムに連携され診療報酬計算が行われます。また，医事会計システムにて入力された患者情報については，医事会計システムから電子カルテシステムに自動連携されることが一般的です。

## (2) オーダエントリシステム

### ① オーダエントリシステムの概要

オーダエントリシステムは，医師によって入力された処方・検査・注射などのオーダ（指示情報）を，各部門システム（検査システム，薬剤システム，放射線システム等）に自動連携するシステムです。従来は，処方や検査の指示は紙の依頼用紙等により，検査部門などへ伝達を行っていました。検査部門では，依頼部門からの依頼用紙等に基づき検査を行い，結果報告用紙を作成し依頼部門に伝達していました。このような紙による運用では，時間がかかり，また，内容を誤認するリスクがありました。オーダエントリシステムの導入により，オーダ（指示情報）の伝達の迅速化が図られ，誤認するリスクが回避されるようになりました。なお，オーダエントリシステムをオーダリングシステムと呼ぶこともあります。

一般的なオーダエントリシステムの主要機能，および関連システムとの関係を示したのが図表6－6です。

図表6－6　オーダエントリシステムの主要機能と関連システム

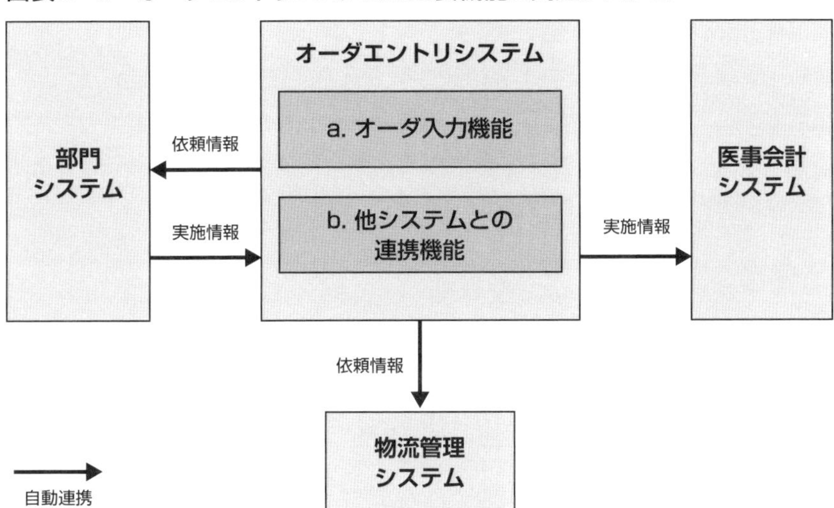

### ② オーダエントリシステムの主要機能

#### a．オーダ入力機能

外来・入院にて入力されたオーダ情報がオーダエントリシステムのデータベースに書き込まれた後，オーダ情報は，各部門システムに自動連携されます。各部門システムでは，オーダ情報に基づき，検査などを実施し，実施した結果を実施情報として各部門システムに入力します。実施情報は，各部門システムのデータベースに書き込まれた後，各部門システムからオーダエントリシステムへ自動連携されます。

#### b．他システムとの連携機能

オーダエントリシステムは，各部門システムから自動連携された実施情報を医事会計システムへ自動連携を行います。このように，オーダエントリシステムは複数の部門システムと関連することから，部門を結ぶシステムと呼ばれます。

## （3）医事会計システム

### ① 医事会計システムの概要

医事会計システムは，電子カルテシステムおよびオーダエントリシステムから，診療行為や検査等の実施情報を取り込み，診療報酬点数表に基づき，診療報酬請求額の計算や患者自己負担額の計算を行うシステムです。

一般的な医事会計システムの主要機能，および関連システムとの関係を示したのが図表6－7です。

### ② 医事会計システムの主要機能

#### a．患者機能

新規患者の場合には，患者の氏名，生年月日，性別，住所，保険情報等の患者基本情報の入力が必要となります。医事会計システムに入力された患者基本情報は，電子カルテシステムに連携されるのが一般的です。

図表6－7　医事会計システムの主要機能と関連システム

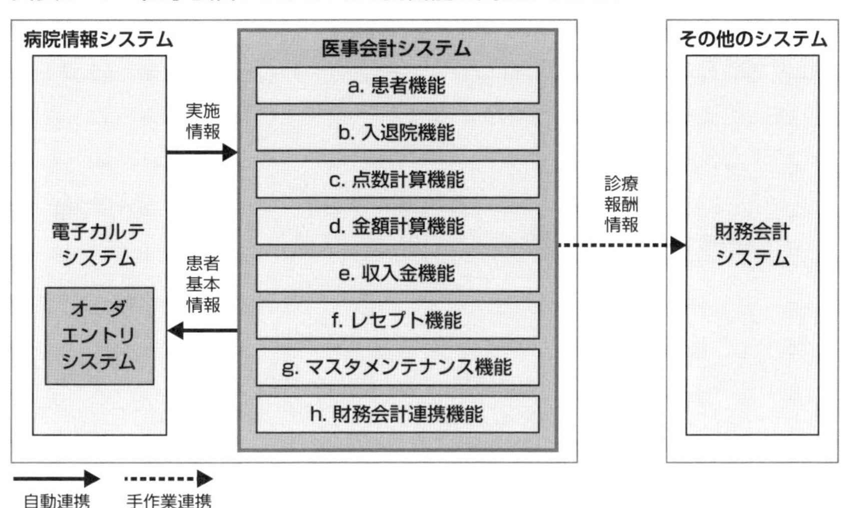


### ｂ．入退院機能

入院日や退院日などの情報は，診療報酬の計算において必要となります。特に，DPC制度（DPC/PDPS）における計算においては，入院日数が必要となります。入院患者については入院受付時に入院日を，退院患者については退院前に退院予定日を，医事会計システムに登録するのが一般的です。

### ｃ．点数計算機能

電子カルテシステムやオーダエントリシステムから連携された診療行為データに対して，対応する医事会計システム上での点数マスタの点数が乗じられ，点数が自動で計算されます。

### ｄ．金額計算機能

点数に対して，１点単価（健康保険の場合は10円）を乗じることにより，診療報酬金額が自動で計算されます。患者機能において登録された保険情報等に基づき，患者自己負担額が自動で計算されます。

### e．収入金機能

診療報酬のうち患者請求分については，窓口での現金入金，クレジット入金，振込入金などの回収方法があります。一般的にこれらに対応して，患者への請求金額について管理することができる機能が備えられています。また，未収金について管理できる帳票（未収金リスト等）を出力する機能も備わっていれば管理上有用となります。

### f．レセプト機能

診療報酬のうち患者請求分以外については，各保険者に適用された制度に基づき請求を行うため，診療報酬明細書（レセプトと呼ばれる）を審査支払機関に提出します。一般的に，医事会計システムから，患者の氏名，保険者番号，病名，診療報酬等の情報を出力する機能を備えており，出力されたレセプトデータは，ネットワーク回線を通じて審査支払機関へオンライン請求されます。

### g．マスタメンテナンス機能

医事会計システムでは，診療報酬計算に利用する点数マスタや保険マスタなどのマスタがあり，それらのマスタの登録や変更をできる機能が備えられています。

### h．財務会計連携機能

#### ｉ）保険者請求に係る仕訳計上

各保険者への請求は１ヵ月ごとに行われることから，実務上は，１ヵ月分をまとめて収益計上することが一般的です。また，勘定科目は入院と外来とで区分されていることが一般的です。そのため，１ヵ月分の入院・外来別の保険者への請求金額の集計を行い，帳票出力するなどの機能が必要となります。当該帳票に基づき，財務会計システムに保険者請求に係る仕訳登録を行います。なお，財務会計システムに登録する際には，返戻再請求分も合わせて仕訳登録を行います。

#### ii）患者請求に係る仕訳計上（現金による収納）

診療報酬収益のうち患者請求分については，診療日の当日に収納されるため，その都度会計処理を行います。医事会計システム上で，現金入金として登録した金額の合計額が，収益計上されることになります。医事会計システム上で，現金入金として登録した金額の集計を行い，帳票出力するなどの機能が必要となります。当帳票に基づき，財務会計システムに現金による収納に係る仕訳を登録します。

#### iii）患者請求に係る仕訳計上（クレジットカードによる収納）

クレジットカードによる収納は，医業未収金に計上するとともに，診療内容別に収益計上を行います。医事会計システム上で，クレジットカード入金として登録した金額の合計額が，収益計上されることになります。医事会計システム上で，クレジットカード入金として登録した金額の集計を行い，帳票出力するなどの機能が必要となります。当帳票に基づき，財務会計システムにクレジットカードによる収納に係る仕訳を登録します。

## ③ 医事会計システムの留意点

### a．未収管理

#### i）患者未収

患者からの未収金については，分納等が行われることにより，管理対象が増加するため，分納が行われた場合についても適切に管理する必要があります。また，未収となっている理由やステータスについても管理する必要があります。

そのため，システム上は，分納が行われた場合に，未収となっている理由やステータスを管理できる機能，未収金の一覧を帳票出力できるなどの機能が必要となります。

#### ii）請求保留債権

既に診療が行われているにもかかわらず，保護者等への請求を行っていないレセプト分については，会計上は概算金額で収益，未収計上を行います。一方，医事会計システム上では，まだ請求が行われていない債権として，請求済の債権と明確に分けて管理する必要があります。請求保留債権は，月次で，その発生件数，金額および発生理由を管理する必要があります。

そのため，システム上は，請求保留としてステータスを登録できる機能や，請求保留債権の一覧を帳票出力できるなどの機能が必要となります。

#### iii）返戻，査定減

審査支払機関から返戻や査定減が行われた場合には，未収金の減額や入院・外来収益のマイナス処理を行います。

そのため，システム上は，返戻や査定減の対象となった債権についてステータス管理できる機能や，返戻や査定減の一覧を帳票出力できるなどの機能が必要となります。なお，医事会計システムのパッケージによっては，これらの管理を行っておらず，レセプト請求システムなどの他システムで管理を行っている場合もあります。その場合には，他システムにおいて上記の機能を有する必要があります。

## （4）物流管理システム

### ① 物流管理システムの概要

物流管理システムは，病院内の薬剤や診療材料の物品を統一的に管理し，物品の購買管理，在庫管理を支援するシステムです。物流システム，物品システム，物品管理システム，SPDシステム等，さまざまなシステム名称で呼ばれます。病院内の物品管理については，大きく2つの管理方法に分類することができ，これを示したのが図表6－8です。

一般的な物流管理システムの主要機能，および関連システムとの関係を示したのが図表6－9です。

図表6−8　物品の管理方法

**定数管理**

- 使用頻度が高い物品については，あらかじめ在庫として保管すべき数量を定数として登録しておき，消費された分を補充する方式

**物品請求**

- 使用が予定されたときに，使用部門から物流部門へ請求する方式

図表6−9　物流管理システムの主要機能と関連システム

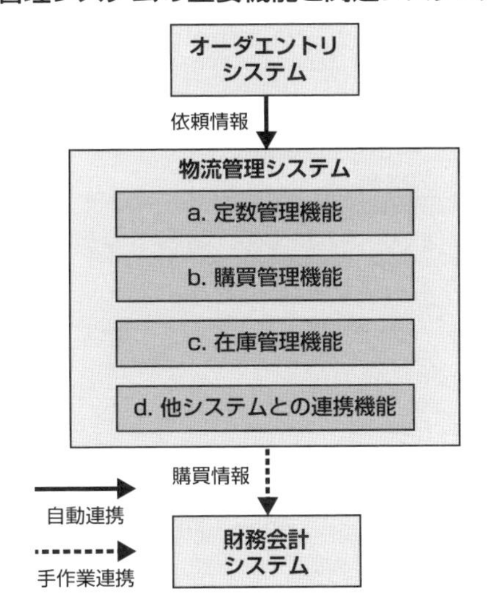


## ② 物流管理システムの主要機能

### a．定数管理機能

定数管理を行う物品については，あらかじめ在庫として保管すべき数量を定数としてマスタに登録できる機能が備えられています。

### b．購買管理機能

定数管理を行う物品については，消費された数量に基づき，自動的に発注データを作成し，検収を行う機能が備えられています。一方で，物品請求を行う物品については，使用が予定されている必要数量を発注データとして登録し，検収を行う機能が備えられています。

### c．在庫管理機能

公立病院において，医薬品や診療材料が医業費用に占める割合も大きく，余分なロスを出さないためにも，適切な在庫管理が必要となります。そのため，物流管理システムには，精度の高い理論在庫を把握する機能や，滞留在庫状況を把握できる帳票の出力などの機能が備わっていれば，管理上有用となります。

### d．他システムとの連携機能

物流管理システムにおいて入力される医薬品や診療材料の購買情報に係る会計仕訳を財務会計システムに反映する必要があります。一般的には，自動でデータ連携しているケースは少なく，月次で，物流管理システムから出力される管理帳票等に基づき，財務会計システムへ振替伝票等を手入力しているケースが多いと考えられます。

物流管理システムにおいて入力される医薬品や診療材料が漏れなく保険請求できているかどうかも重要となります。そのため，医事会計システムやオーダエントリシステムと，物流管理システムをデータ連携し自動マッチングを行う事により保険請求漏れを防止できる機能が備わっていれば，管理上有用となります。

## （5）財務会計システム

### ① 財務会計システムの概要

病院事業を営む公営企業型地方独立行政法人では，貸借対照表，損益計算書，キャッシュ・フロー計算書，行政サービス実施コスト計算書などの財務諸表等を，地方独立行政法人会計基準で要求される様式に従って作成する必要があります。そのため，財務会計システムでは，これらの作成を効率的に支援する機能が求められます。

また，公営企業型地方独立行政法人の経営は，病院収入などの自己収入の他，運営費負担金や補助金等の財源により行われており，財源別の使用状況を明らかにする必要があります。そのため，財務会計システムでは，財源を適切に管理できる機能，および財源別の会計処理の効率化を支援する機能が求められます。

一般的な財務会計システムの主要機能，および関連システムとの関係を示したのが図表6－10です。

**図表6－10　財務会計システムの主要機能と関連システム**

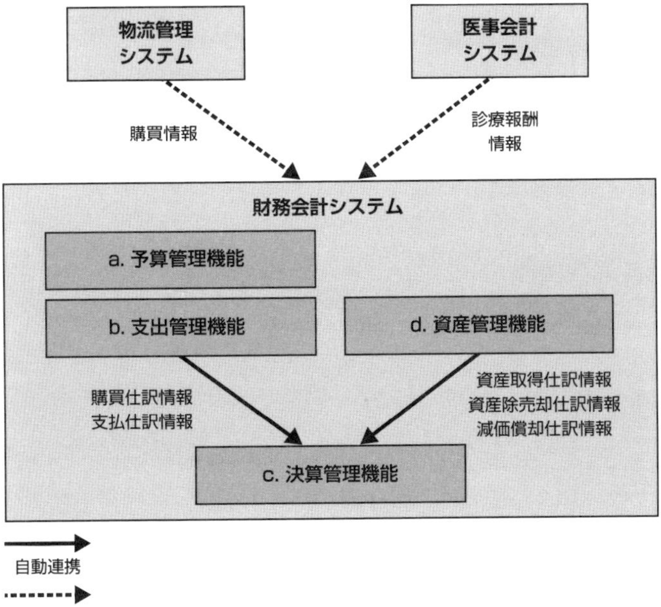

物流管理システム
医事会計システム
購買情報
診療報酬情報
財務会計システム
a. 予算管理機能
b. 支出管理機能
d. 資産管理機能
購買仕訳情報
支払仕訳情報
資産取得仕訳情報
資産除売却仕訳情報
減価償却仕訳情報
c. 決算管理機能
自動連携
手作業連携

### ② 財務会計システムの主要機能

#### a．予算管理機能

財源ごとに予算を登録し，予算の執行状況について適時にモニタリングできる機能やプロジェクト単位で予算を管理する機能なども必要となります。

#### b．支出管理機能

購入依頼，支出契約決議，納品検収，債務計上，支払といった，公立病院の支出管理業務などのうち，各病院に沿った機能の実装が行われます。また，各段階での予算執行の状況を管理できる仕組も必要となります。さらに，職務分掌上，購入依頼から債務計上を行う担当者と，支払を行う担当者とは別であることが望ましく，システム上も職務分掌に応じた権限設定を行える機能も備わっていれば，管理上有用となります。

#### c．決算管理機能

複式簿記に準拠した振替伝票の起票，合計残高試算表・総勘定元帳・補助元帳等の帳票の出力，地方独立行政法人会計基準に準拠した貸借対照表・損益計算書等の財務諸表の出力などの機能が一般的です。

#### d．資産管理機能

地方独立行政法人向けの一般的な財務会計システムのパッケージでは，財務会計システムに資産管理機能を含んでいることが多くあります。有形固定資産，少額資産，無形固定資産，リース資産等について，固定資産台帳への資産登録を行う機能，資産の移動・除却・売却を登録できる機能，耐用年数に基づく減価償却を行える機能が一般的です。

### ③ 財務会計システムの留意点

#### a．財源別登録

地方独立行政法人会計基準では，財源の種類によって，固定資産の取得時および減価償却時の会計処理が大きく異なります。償却資産の取得に運営費負担金等の財源を充てる場合には，設立団体と公営企業型地方独立行政法人の間で，当該財源の交付が，資本助成目的か，経常費助成目的かを中期計画等において事前に明らかにしておくことがもとめられています。

そのため，システム上は，固定資産台帳への登録する際には，取得日付や取得価額等の一般的な項目だけでなく，財源，交付目的等の項目についても登録できる機能が必要となります。上記の項目に基づき，固定資産取得時の仕訳が自動生成されるのが一般的です。減価償却に関する仕訳や，除却や売却時の仕訳も，上記の項目に基づき自動生成されるのが一般的であり，固定資産台帳へ登録する際には，正確に入力する必要があります。

### b．複数財源や一部除却・売却への対応

複数財源での取得，一部除却・売却などの例外的な場合については，財務会計システムのパッケージでは対応していない場合があります。固定資産台帳に誤って登録し，減価償却や除却・売却などの処理を実行してしまった場合には，取消や修正作業が非常に煩雑となります。そのため，システムで対応している範囲を正確に把握し，例外的な場合についての運用手順を整理することにより，適切な会計処理を行う必要があります。

## 医療情報システム監査について

近年，多くの医療機関においては，電子カルテシステムをはじめとする情報システムの導入が進んでいます。これにより，医師，看護師はもちろん，放射線技師，栄養士等も含めて，カルテ等の患者情報を共有しながら治療，処方等を行うことができるようになっています。

反面，患者情報が電子化されたことにはデメリットもあります。その典型例として，患者情報が大量に漏洩したり，消失してしまうリスクが大きくなったことがあげられます。

たとえば，患者情報をUSBメモリにコピーすることが簡単にできる

システムは，利便性としては優れていても情報漏洩リスクの点では問題があります。また，電子カルテシステムのデータバックアップを院内に保管しているだけでは，地震や火災等が発生した場合，重要なカルテ情報が消失し，復元できないリスクがあります（火災は，地震よりも遥かに発生可能性が高いと考えるべきです）。

このようなリスクを一定以下に抑えるには，情報システムの選定・導入から運用まで，さまざまな管理が必要になります。そして経営者は，その管理体制を整備する責任があることを，十分に認識することが重要です。そのような管理体制を整備する上で，医療情報システム監査の実施は有用な方法の１つです。

情報システムの選定・導入から運用まで，医療機関として必要とされる管理項目は厚生労働省の「医療情報システムの安全管理に関するガイドライン」に示されています。医療情報システム監査では，監査人が，医療機関における各管理活動がこのガイドラインに照らして適切であるかどうかを確認し，課題があれば改善方向性とともに報告することが一般的です。

医療情報システム監査は，内部監査人が実施しても，外部監査人が実施しても構いません。ただし，当該監査には相応の専門知識が必要であるため，最初から内部監査人が実施することは現実的ではありません。中長期的な計画の下，外部監査人により一定回数を実施し，その間に内部監査人の育成を行った上で，最終的に内部監査人による実施にシフトしていくことが推奨されます。

# 第7章

# 経営改革を支援する管理会計

**公立病院の経営改革に向けた本章のポイント**

・病院の役割明確化のための病床転換シミュレーション
・PDCAサイクルで機能させる診療科別原価計算
・様々な課題分析に役立つ患者別原価計算

# 1 経営改革における管理会計の重要性

前章までは，地方独立行政法人制度の概要や，法人化に向けての検討課題等について概観しました。本章においては，法人化による経営裁量を効果的に発揮し，経営改革を支援する管理会計ツールとして，病床転換シミュレーションおよび原価計算を紹介していくことにします。

まず，新公立病院改革ガイドラインは，地域医療構想を踏まえて病院の果たすべき役割の明確化を求めます。第1章で紹介したとおり，2025年に向けて急性期病床から回復期病床への機能転換および病床数の削減が推計されており，地域医療構想に基づいて公立病院には率先した病床機能の転換が求められる可能性があります。そこで地域における医療需要，患者構成や診療報酬の状況等を勘案し，中長期における病床機能および病床数の決定を支援するため，病床転換シミュレーションは有用なツールとなります。

また，新公立病院改革ガイドラインは，公立病院に経営の効率化を求めます。効率化の取り組みにはさまざまなものが考えられますが，診療科の採算

図表7－1　新公立病院改革ガイドラインと本章における管理会計ツール

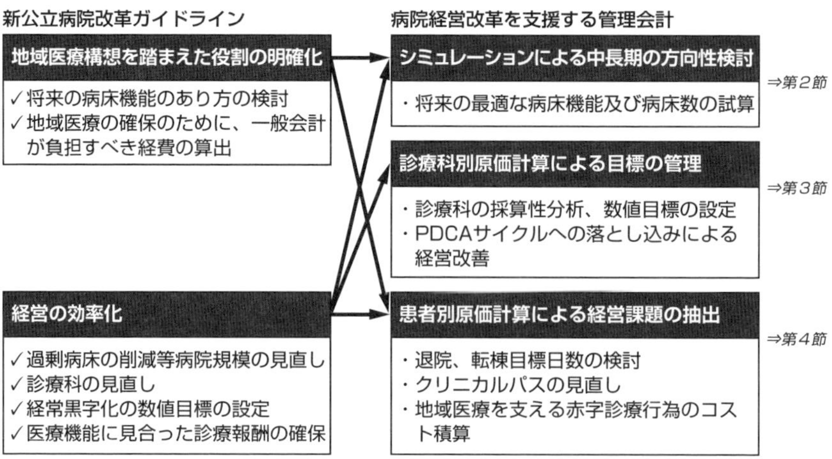

性分析，数値目標の設定のほか，PDCAサイクルへの落とし込みによる経営改善，その他さまざまな経営課題の抽出において原価計算（診療科別及び患者別）は有用なツールとなります。

このように本章で説明する管理会計ツールは，新公立病院改革ガイドラインにおいて求められる経営改革に役立つものであり，その関係性を図表7－1にて示しました。次節以降において，それぞれのツールを紹介していきます。

# 2 病床転換に向けたシミュレーション

## （1）病床転換への期待とシミュレーションの必要性

図表7－2は，急性期病床の一部を回復期病床（地域包括ケア病床）へ転換した病院のイメージです。前節で説明したように，病床機能転換は地域医療構想の観点から期待されていますが，病院にとってはそれだけではありません。まず，病床の一部を転換することにより，転換しない7対1病床における施設基準である重症度，医療・看護必要度，在宅復帰率等の上昇・維持に役立ち，また病床の診療報酬単価の上昇や近隣の高度急性期病院からの転院が期待できる場合もあります。さらに在宅医療を支援する病院・病床として，容態の悪化した患者やレスパイト入院を受け入れることは，地域医療の期待に沿う場合があります。これらの結果，病床利用率や診療報酬単価が上昇し，病院財務の安定化が図られる場合もあります。このように病院を取り巻く関係者の期待を充足できるのであれば，病床転換を積極的に進めることを選択します。

しかし，このような期待は存在するのか，本当に収益は増加するのか，障害となる事項はないのかなど，病院の状況はさまざまであり，一概に正しい回答はありません。そのため，病床転換に関する諸々の事項，すなわち患者需要，施設基準，診療報酬，費用と投資といった事項を詳細に検討し，収支のシミュレーションに落とし込み，さらにリスクを考慮することにより，当

## 図表7−2　病床機能転換による病院関係者の期待充足

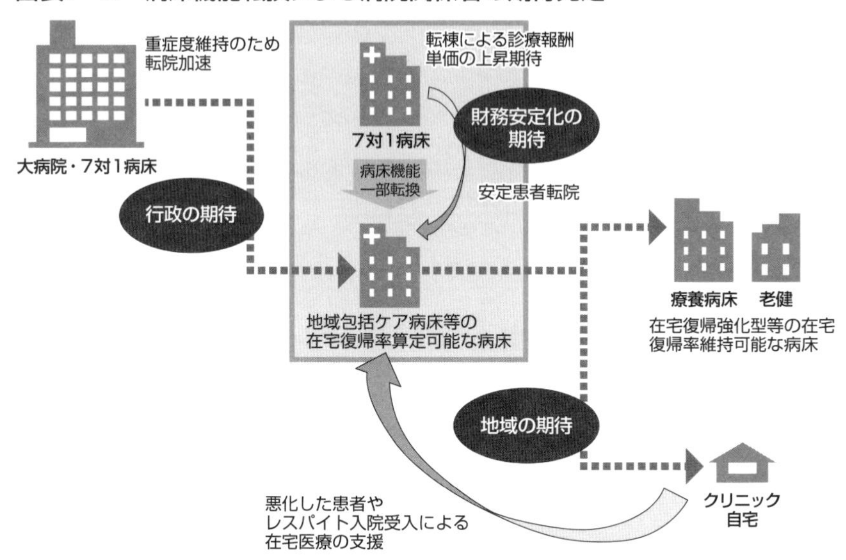


## 図表7−3　病床転換シミュレーションによる適切な経営判断

**患者需要の将来予測（第2項）**

・中長期的な医療需要
・地域医療構想の方向性
・紹介元となる高度急性期病院
・競合する回復期病院
・再転院先となる慢性期病院
・在宅医療の状況等

**施設基準の充足（第3項）**

・重症度、医療・看護必要度の状況
・看護職員の状況
・リハビリテーションの提供状況
・在宅療養支援，救急医療体制等
・居室面積等

**診療報酬の予測（第4項）**

・病床利用率への影響
・加算取得の可能性
・既存病棟の診療報酬単価への影響

**費用と投資の予測（第5項）**

・看護職員等の人件費増減
・材料費の増減
・病棟改装費用等の見込み

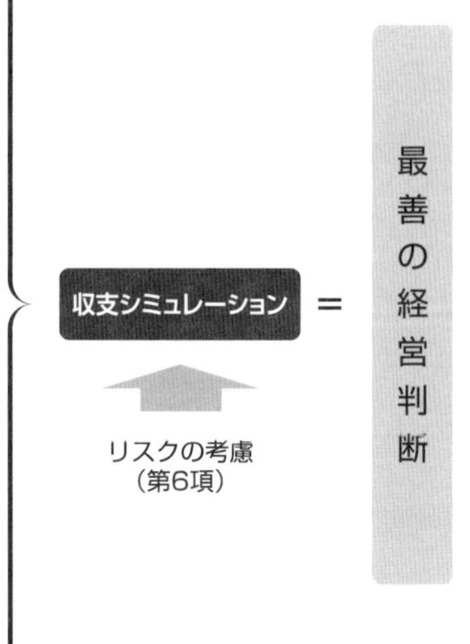

該病院における最善の経営判断を支援します。

次項以降において，図表7－3における主な検討事項を具体的に紹介します。

## （2）患者需要の将来予測

将来の病床機能を検討するにあたり，まずは中長期における地域の医療需要の予測を行います。医療需要の予測は，まずは人口の予測（地域人口の総数，年齢・性別，それらの予測値）に，年齢・性別の疾患発生率（診断群別，年齢・性別，地域別の疾患発生率）を乗じて基礎的な医療需要を推計し，これを病床機能別（高度急性期，急性期，回復期，慢性期）に分解の上で，最後に隣接する医療圏への患者の転入出を調整して実施します。また，病院単位での分析においては，疾患別の強み，弱みに大きく左右されるため，主要診断群別等にて分析を行うことが有用となります（図表7－4）。これらの分析に必要になるデータは，厚生労働省や国立社会保証・人口問題研究所のホームページ等から入手できますが，簡単な予測値は日本医師会総合政策研究機構が公表している地域別の医療提供体制の分析資料やJMAP（地域医療情報システム）から入手可能です。

また，公立病院においては地域医療構想との整合性の検討も重要です。検討においては，都道府県が策定する地域医療構想を確認の上で，自院の状況に照らして検討することが想定されますが，地域医療構想の病床必要量の推計における病床機能別分類の境界点の考え方を押さえておくことは有用です。すなわち，高度急性期病床は医療資源投入量（診療報酬の出来高点数の合計から入院基本料相当分・リハビリテーション料の一部を除いたもの）3,000点以上，急性期病床は600点以上，回復期は225点以上等を境界として原則推計されます（図表7－5）。そこで，当該点数を自院の状況に当てはめ，構想策定上の推計病床数のイメージを試算することは，自院の役割を検討する上で一定の参考になると思われます（ただし，地域医療構想は地域全体の推計であり，地域の実情等により調整され，個々の医療機関において医療資源投入量の境界の考えを直接適用することは意図されていないため，参考にとどまります）。

## 図表7−4　主要診断群別の医療将来需要の推計（イメージ）

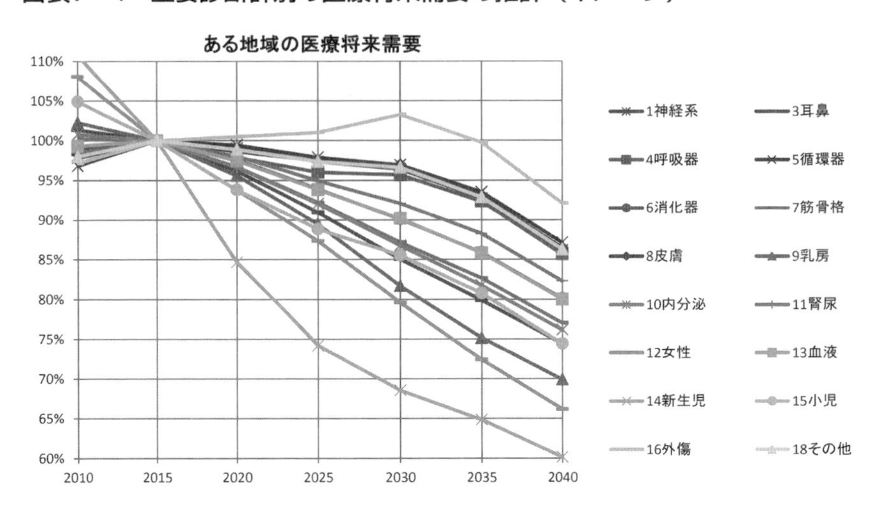


＊2015年の医療需要を100%に将来の医療需要の変動を推計

## 図表7−5　地域医療構想における基本的な必要病床数の推計方法

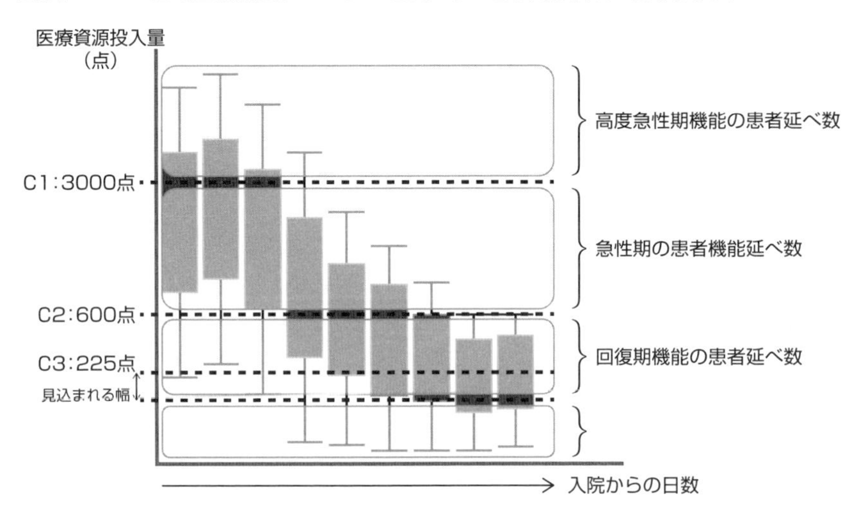


出所：厚生労働省（2014）「地域医療構想策定ガイドライン」6月18日。

## (3) 施設基準の充足

転換を想定する病床の施設基準の充足可能性を検討します。たとえば，地域包括ケア病棟（病床）であれば，重症度，医療・看護必要度，在宅復帰率，リハビリテーションの平均提供単位数，二次救急や在宅復帰支援等の施設基準の「充足」可能性を検討します。検討にあたっては，医事課，看護部，リハビリテーション科，医療連携室等を交えて，考えられるシナリオを幅広く検討することが有用です。

## (4) 診療報酬の予測

診療報酬の予測においては，既存の病棟（転換しない病棟）の診療報酬単価に与える影響を併せて考えることが重要です。DPC算定病棟であれば，入院期間ⅠからⅡ，Ⅲにかけて段階的に診療報酬単価は下がりますので，入院期間ⅠおよびⅡは急性期/DPC算定病棟にて手厚い医療・看護体制を提供しつつ，入院期間Ⅲに向けて容態が安定した患者は地域包括ケア病棟（病床）にて回復に重点を置いた医療・看護体制を提供することより，既存病棟と転換病棟それぞれにおいて診療報酬単価の上昇が期待できます（図表7－6）。

図表7−6　DPC算定病院の診療報酬単価　（イメージ）

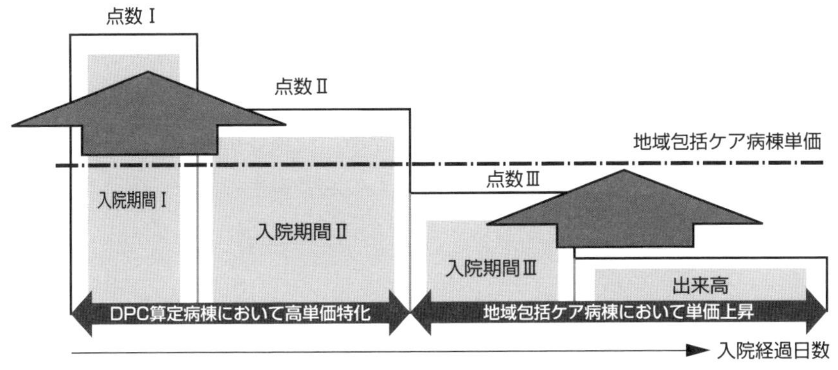

図表7−7　出来高算定病院の入院経過日数別診療単価　（イメージ）

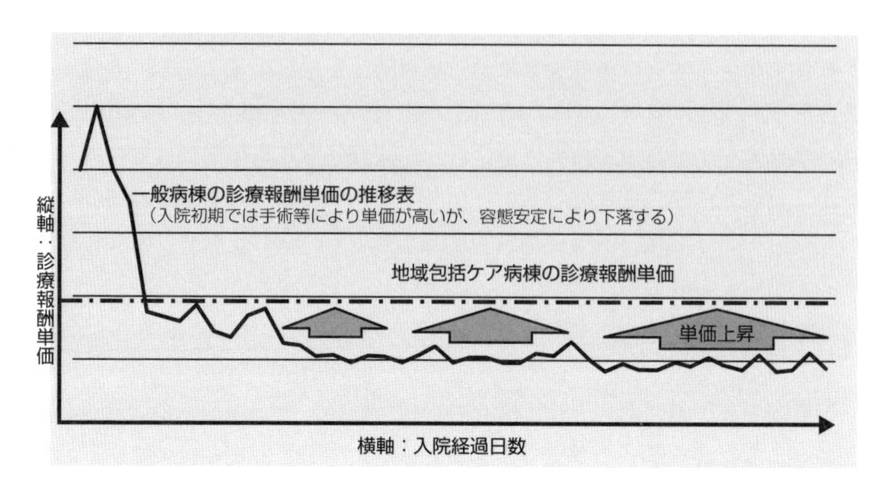


またDPC算定病院でない出来高算定の急性期病棟においても，一般的に入院日数の経過と供に医療資源投入量は下落するため，DPC算定病棟と同様に容態の安定した患者を地域包括ケア病棟（病床）へ転院させることは，病床単価の上昇に繋がります（図表7−7）。

## （5）費用と投資の予測

病床転換に伴う看護職員等の人件費増加，患者数または医療資源投入量増加による材料費の増加，病棟改装に伴う投資額等を予測します。費用の予測にあたっては，収益等の増減に伴う要素がありますので，過去の損益を分析することにより変動費および固定費への分解，変動費については連動させる項目（コストドライバー）を設定し，将来の医療需要の変動に応じた費用の予測モデルを設定します。例えば図表7−8の項目があげられます。

**図表7−8　費用の分類および予測モデルの例**

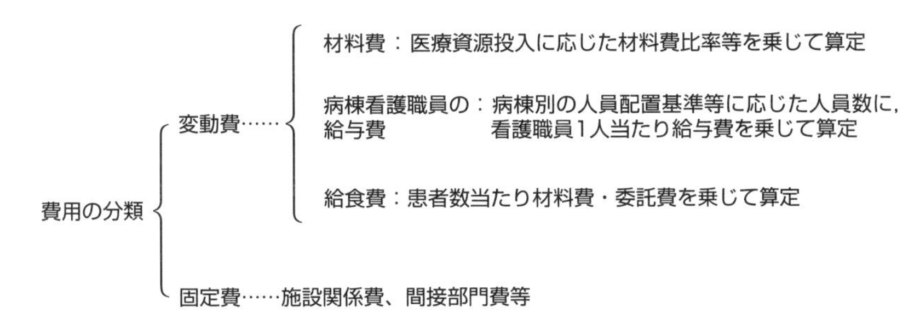


## （6）リスクの考慮と最適案の選定

収支シミュレーションの最終局面において，リスクを考慮することが重要です。シミュレーションには，将来の患者数などの予測困難な不確実性の高い見積りが多く含まれるため，感応度分析により幅のある推計を行うことが，経営判断に有用となります。感応度分析とは，アウトプットの算出に影響を与える変数が変動した時，アウトプットにどの程度の影響を与えるのかを調べる手法です。たとえば，図表7−9のように地域からの受入患者数や病床転換数を変数とし，保守的に見込まれる下限値，楽観的に見込まれる上限値の間にて，アウトプットである最終的な損益がどのように影響を受けるのかを調べます。

**図表7−9　リスクを考慮すべき変数の例**

| 変数 | 内容 |
|---|---|
| 在宅からの受入患者数 | 地域包括ケア病棟にて，在宅からの入院患者を何名見込めるか。月延べ450名，300名，150名など，リスクを考慮した幅のある見積りを実施すべく，感応度分析を行う。 |
| 病床転換数 | どの病棟を転換するか，病床単位にて10床，20床，30床を転換するか。考え得る選択肢を広げ，最適な決定を行うべく，病床数等を変数設定し，感応度分析を行う。 |
| その他 | その他，他の急性期病院からの転院患者数の増加見込み，病床機能に伴い材料費比率が減少する見込みなど，リスク項目を変数設定し，幅のある見積りを行う。 |

図表7－10　病床転換意思決定プロセス

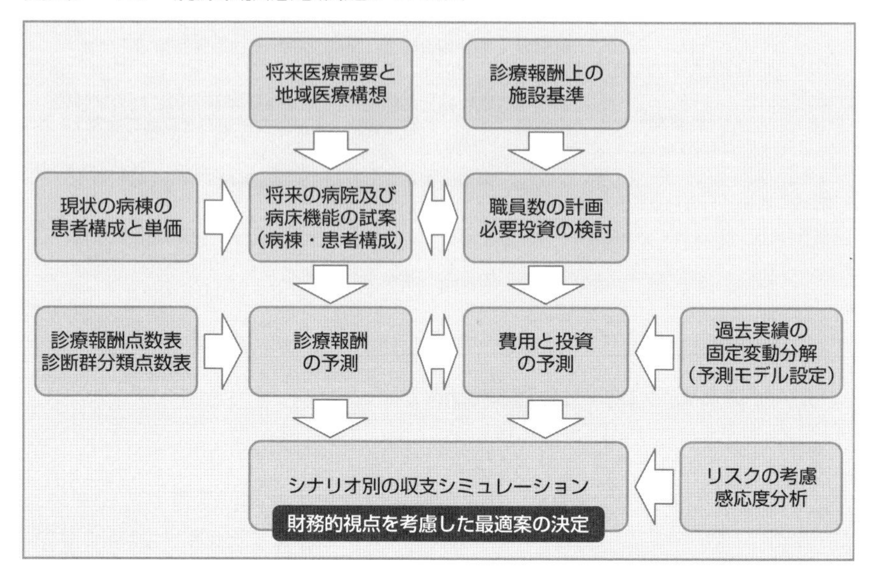


以上のプロセスをまとめると，図表7－10の流れになります。

将来医療需要の予測や地域医療構想との整合性の検討から始まり，病床機能の検討，施設基準の充足，収益の予測，費用の予測を経て，リスクを考慮し，最終的なシナリオ別の収支シミュレーションを実施します。このような検討過程を経ることにより，行政の期待，地域の期待に応えるとともに，財務的視点を考慮した最適な病床機能の転換，病院の中期的在り方を導くことが期待されます。

## 高額医療機器とライフサイクルコスティング

近年，ダ・ヴィンチ等の手術支援ロボット，サイバーナイフ，重粒子等の放射線治療装置，PET等の検査機器など，医療機器は高額かつ複雑なものとなっています。このような医療機器においては，機器本体や設置費用のみならず，保守費，消耗品費，訓練費，電力費等の運用費も高額となり，また購入後に運用費の削減を図ることは容易ではありません。そこで，導入意思決定時に運用費を含めたすべての費用を見える化し，誤った意思決定を回避するための手法として，ライフサイクルコスティングの重要性が増しています。

ライフサイクルコスティングとは，資産の購入から運用廃棄までの全寿命期間における費用を正確かつ網羅的に見積もり，意思決定に役立てるための手法であり，軍需産業を中心に開発されてきたものです。主な算定のポイントとしては，コスト構成要素を構造化することにより漏れなく費用を算定すること（CBS，コスト細分化構造），過去実績データ等の利用可能なデータを統計的に分析することにより見積りの精度を高めること，リスクを定量化し意思決定に役立てることがあげられます。

なお，医療機器においては先進医療の対象等で収支的には厳しいものであっても，集患効果や医師のモチベーション等を目的として導入する場合もあります。このような場合においても，導入目的を明確にし，要するコストが病院として受入可能な額であるか，公正な経営判断を行うことが重要です。特に公立病院においては将来計画の策定が求められていますので，その観点からも正確な費用の将来見積りが期待されています。

# 3　診療科別原価計算の活用

## （1）原価計算の概要

病院における原価計算には３つの目的があります。第１の目的は原価管理です。病院の収益性の低さが特定の診療科や中央診療部門にあるのか，特定の診療行為や病床の利用方法にあるのか等の原因を分析し，経営の効率性の向上に役立てるものです。第２の目的は予算統制です。病院全体の財務目標を達成するため，各診療科等に目標となる予算を設定し，予算と実績の比較，原因の分析，改善方法の検討を通じて，経常的に組織を管理するものです。第３の目的は中長期の経営意思決定です。赤字診療科の存続・閉鎖，高額医療機器導入の意思決定等において，収支の観点からの判断材料を提供します。

また原価計算は，診療科別原価計算と患者別原価計算の２つの手法に大別されます。診療科別原価計算は，診療科・中央診療部門等の部門別の損益を計算する手法であり，主に予算統制のために比較的古くから実施されています。患者別原価計算は，患者別及び日別に損益を計算した上で，疾患別等のさまざまな角度での再集計を行う手法であり，主に原価管理のために実施される比較的新しい手法です。上記を図示すると図表7－11のようになります。

**図表7－11　原価計算の目的と手法**

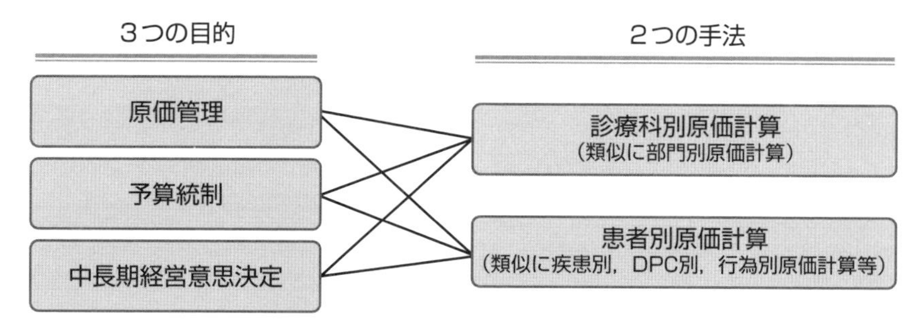


## （２）診療科別原価計算の手順

診療科別原価計算は，費目別計算と部門別計算の手続きを経て実施されます。費目別計算とは，財務会計からの情報をもとに，費用を給与費，材料費，経費という費目別に分類集計する第一次の計算段階です。部門別計算とは，費目別に計算された原価を，各診療科に分類集計する第二次の計算段階です。

また，部門別計算は大きく2つのステップに分かれます。まずは費目別の費用を発生部門に集計するステップであり，各部門に直接的な費用（診療科等に配属が明確な看護職員の人件費など）は直課し，直接的でない間接的な費用（光熱費，清掃委託費など）は床面積その他の利用に応じた基準により配賦します。続いては各部門に集計された費用を最終的な集計単位である診療科へ配賦するステップであり，管理部門の費用を中央診療部門および各診療科へ配賦する1次配賦，中央診療部門の費用を各診療科へ配賦する2次配賦を実施します。上記の集計手続きを図示すると図表7－12のようになります。

診療科別原価計算は，縦軸に勘定科目，横軸に原価部門をとり，一覧表形式にて図表7－13のように作成することが一般的です。

**図表7－12　診療科別原価計算の集計手続き**

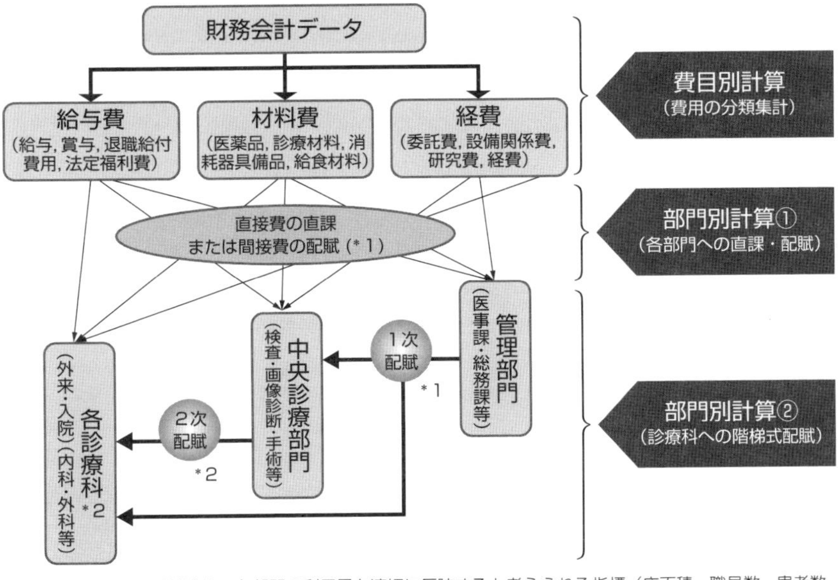

財務会計データ
給与費（給与，賞与，退職給付費用，法定福利費）
材料費（医薬品，診療材料，消耗器具備品，給食材料）
経費（委託費，設備関係費，研究費，経費）
費目別計算（費用の分類集計）
直接費の直課または間接費の配賦（＊1）
部門別計算①（各部門への直課・配賦）
管理部門（医事課・総務課等）
1次配賦 ＊1
中央診療部門（検査・画像診断・手術等）
2次配賦 ＊2
各診療科＊2（外来・入院）（内科・外科等）
部門別計算②（診療科への階梯式配賦）

＊1　それぞれの配賦基準は，各部門の利用量を適切に反映すると考えられる指標（床面積，職員数，患者数，実施件数，収益等）を，データ入手の経済性を考慮の上，決定する。
＊2　入院費用については，病棟別に集計する方法，各診療科に集計する方法，病棟別に集計し各診療科に再配賦する方法等がある。その他，計算結果の利用目的等に応じて，部門の設定方法などの計算方法はケースバイケースである。

# 図表7－13　診療科別原価計算表のイメージ

（単位：千円）

| 科目 | | 診療科 | | | | | | | | | | 病棟 | | | コメディカル | | | | | | | | 管理部門 | | | 共通部門 | | | 病院計 |
|---|---|---|---|---|---|---|---|---|---|---|---|---|---|---|---|---|---|---|---|---|---|---|---|---|---|---|---|---|---|
| | | 内科 | | | 外科 | | | 整形外科 | | | 診療科計 | 第1病棟 | 第2病棟 | 病棟計 | 検査科 | 画像診断科 | 手術部 | 麻酔科 | 薬剤部 | 栄養科 | リハビリ科 | コメディカル計 | 医事課 | 総務課 | 管理部門計 | 全体業務管理 | 建物関連費用 | 共通部門計 | |
| | | 外来 | 入院 | 計 | 外来 | 入院 | 計 | 外来 | 入院 | 計 | | | | | | | | | | | | | | | | | | | |
| 部門医業収益 | | 25,700 | 0 | 25,700 | 12,000 | 0 | 12,000 | 13,500 | 0 | 13,500 | 51,200 | 26,000 | 40,000 | 66,000 | 30,400 | 23,000 | 34,000 | 4,000 | 12,000 | 10,000 | 3,000 | 116,400 | 0 | 0 | 0 | 0 | 0 | 0 | 233,600 |
| 部門医業費用計 | 給与費 | 11,200 | 7,500 | 18,700 | 6,900 | 4,600 | 11,500 | 3,200 | 2,200 | 5,400 | 35,600 | 9,000 | 14,200 | 23,200 | 4,200 | 4,700 | 4,000 | 2,500 | 3,500 | 1,000 | 1,500 | 21,400 | 7,700 | 5,100 | 12,800 | 10,000 | 0 | 10,000 | 103,000 |
| | 材料費 | 1,200 | 0 | 1,200 | 600 | 0 | 600 | 700 | 0 | 700 | 2,500 | 1,500 | 2,000 | 3,500 | 11,000 | 9,000 | 20,000 | 1,500 | 9,600 | 7,000 | 300 | 58,400 | 0 | 0 | 0 | 0 | 0 | 0 | 64,400 |
| | 経費 | 3,000 | 0 | 3,000 | 1,900 | 0 | 1,900 | 1,700 | 0 | 1,700 | 6,600 | 3,200 | 4,300 | 7,500 | 4,500 | 5,500 | 3,500 | 400 | 800 | 1,500 | 600 | 16,800 | 3,300 | 2,300 | 5,600 | 3,500 | 12,000 | 15,500 | 52,000 |
| 部門医業費用計 | | 15,400 | 7,500 | 22,900 | 9,400 | 4,600 | 14,000 | 5,600 | 2,200 | 7,800 | 44,700 | 13,700 | 20,500 | 34,200 | 19,700 | 19,200 | 27,500 | 4,400 | 13,900 | 9,500 | 2,400 | 96,600 | 11,000 | 7,400 | 18,400 | 13,500 | 12,000 | 25,500 | 219,400 |
| 部門貢献利益 | | 10,300 | -7,500 | 2,800 | 2,600 | -4,600 | -2,000 | 7,900 | -2,200 | 5,700 | 6,500 | 12,300 | 19,500 | 31,800 | 10,700 | 3,800 | 6,500 | -400 | -1,900 | 500 | 600 | 19,800 | -11,000 | -7,400 | -18,400 | -13,500 | -12,000 | -25,500 | 14,200 |
| 共通部門費用配賦 | | 1,654 | 0 | 1,654 | 1,292 | 0 | 1,292 | 657 | 0 | 657 | 3,603 | 3,137 | 5,300 | 8,437 | 1,961 | 3,417 | 2,051 | 245 | 890 | 1,421 | 1,145 | 11,130 | 1,459 | 871 | 2,330 | -13,500 | -12,000 | -25,500 | 0 |
| 共通部門配賦後貢献利益 | | 8,646 | 7,500 | 1,146 | 1,308 | -4,600 | -3,292 | 7,243 | -2,200 | 5,043 | 2,897 | 9,163 | 14,200 | 23,363 | 8,739 | 383 | 4,449 | -645 | -2,790 | -921 | -545 | 8,670 | -12,459 | -8,271 | -20,730 | 0 | 0 | 0 | 14,200 |
| 管理部門費用配賦 | | 2,280 | 0 | 2,280 | 1,065 | 0 | 1,065 | 1,198 | 0 | 1,198 | 4,543 | 2,308 | 3,551 | 5,859 | 2,698 | 2,042 | 3,017 | 354 | 1,065 | 887 | 265 | 10,328 | -12,459 | -8,271 | -20,730 | 0 | 0 | 0 | 0 |
| 管理部門配賦後貢献利益 | | 6,366 | -7,500 | -1,134 | 243 | -4,600 | -4,357 | 6,045 | -2,200 | 3,845 | -1,646 | 6,8 | 10,649 | 17,504 | 6,041 | -1,659 | 1,432 | -999 | -3,855 | -1,808 | -810 | -1,658 | 0 | 0 | 0 | 0 | 0 | 0 | 14,200 |
| コメディカル収益配賦 | | 14,710 | 43,980 | 58,690 | 12,160 | 21,400 | 33,560 | 5,970 | 18,180 | 24,150 | 116,400 | 0 | 0 | 0 | -30,400 | -23,000 | -34,000 | -4,000 | -12,000 | -10,000 | -3,000 | -116,400 | 0 | 0 | 0 | 0 | 0 | 0 | 0 |
| コメディカル費用配賦 | | 16,973 | 41,423 | 58,396 | 14,037 | 25,655 | 39,692 | 5,870 | 14,100 | 19,970 | 118,058 | 0 | 0 | 0 | -24,359 | -24,659 | -32,568 | -4,999 | -15,855 | -11,808 | -3,810 | -118,058 | 0 | 0 | 0 | 0 | 0 | 0 | 0 |
| コメディカル配賦後貢献利益 | | 4,103 | -4,943 | -840 | -1,634 | -8,855 | -10,489 | 6,145 | 1,880 | 8,025 | -3,304 | 6,855 | 10,649 | 17,504 | 0 | 0 | 0 | 0 | 0 | 0 | 0 | 0 | 0 | 0 | 0 | 0 | 0 | 0 | 14,200 |
| 病棟収益配賦 | | 0 | 35,200 | 35,200 | 0 | 9,300 | 9,300 | 0 | 21,500 | 21,500 | 66,000 | -26,000 | -40,000 | -66,000 | 0 | 0 | 0 | 0 | 0 | 0 | 0 | 0 | 0 | 0 | 0 | 0 | 0 | 0 | 0 |
| 病棟費用配賦 | | 0 | 25,968 | 25,968 | 0 | 7,095 | 7,095 | 0 | 15,433 | 15,433 | 48,496 | -19,145 | -29,351 | -48,496 | 0 | 0 | 0 | 0 | 0 | 0 | 0 | 0 | 0 | 0 | 0 | 0 | 0 | 0 | 0 |
| 診療科利益（医業利益） | | 4,103 | 4,289 | 8,392 | -1,634 | -6,650 | -8,284 | 6,145 | 7,947 | 14,092 | 14,200 | 0 | 0 | 0 | 0 | 0 | 0 | 0 | 0 | 0 | 0 | 0 | 0 | 0 | 0 | 0 | 0 | 0 | 14,200 |

## (3) 診療科別原価計算の活用

前項でみたとおり，診療科別原価計算は階梯式に多段階配賦されるため，複数の利益が算出されます。共通費を配賦する前の各部門にて管理可能な利益を示す部門貢献利益，中央診療部門の採算性等を示す管理部門配賦後貢献利益，最終的な各診療科の採算性を示す診療科利益など，目的に応じた使い分けを行います。ただし，どの利益指標を利用するにせよ，次の2点が実際の活用にあたり重要なポイントとなることは変わりありません。

### ① ＰＤＣＡサイクルへの落とし込み

診療科別原価計算は，算出することが目的ではなく，PDCAのマネジメントサイクルに連動させ，経営に活用することが重要です。PDCAとはPlan(目標設定)，Do（活動)，Check（評価・原因分析)，Action（改善活動）の継続的な管理活動であり，原価計算に限らず，予算統制やKPI（Key Performance Indicator）など，組織活動を継続的に改善・管理するための重要な経営手法です（図表7－14)。しかしながら，原価計算を実施し部門別の利益を示したものの，原因分析（Check）が抽象的で具体性に欠け，原因を解決する施策の検討（Action）が十分に実施されていないことがよくあり

**図表7－14　PDCAサイクル**

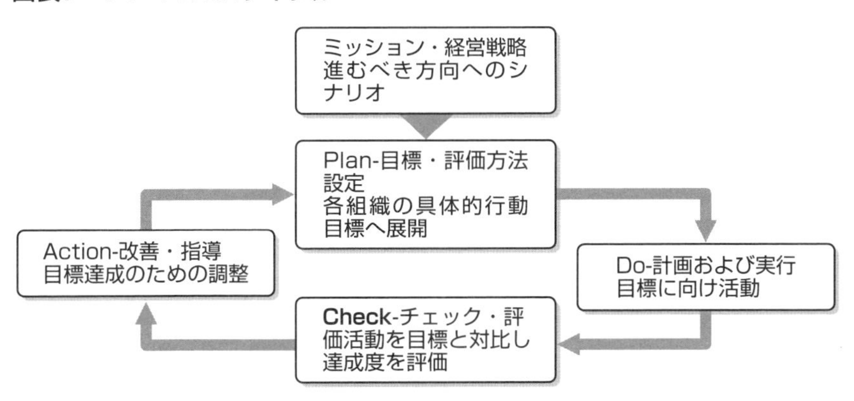

ます。原価計算は有効なツールですが，医師を含めた職員が積極的に参画するPDCAサイクルへ落とし込めるか否かが，経営改革の成否を左右します。

### ② 職員への説明

原価計算の結果をPDCAサイクルに落とし込むためには，医師，看護師，その他の医療技術職に原価計算の結果を受け入れてもらうことが必要不可欠です。また計算の実施においても，タイムスタディやデータの提供等において多くの職員の協力が必要になる場合があります。そこで原価計算の目的（責任追及ではなく改善活動のため），計算の限界（必要なデータが経済的に入手できない簡便的な方法の採用やそもそも採算に合わない診療行為の存在）について，経営者自身が理解し，関係者に十分に説明し理解を得た上で取り組むことが必要です。

### お蔵入りする原価計算資料

〈院長の悩み〉当院は，300床台の急性期医療を提供する公立病院である。院長である自分は一昨年，診療科別原価計算の実施を指示した。会計課職員を中心に１年間学習し原価計算をやり遂げることができ，その成果を診療部長会議にて会計課長に説明させた。しかし損益が赤字と計算された心臓血管外科の責任者は，計算方法について細かく確認し始め，循環器科などの他科の患者の診察に時間を費やしていることや，材料費の配分に問題があると反論し始め，結局，医師のモチベーションが下がるという理由で封印されてしまった。自分としては，薄々予想していたとおりの結果が出たのではあるが，どのようにしたら医師に結果を納得させることができるのかについて悩んでいるところである。

原価計算の展開を，会計課長にすべて任せ，活用できていない病院が多くあるように思われます。院長や事務長といった経営陣が原価計算の目的や限界を正しく理解した上で，医師等の職員に十分な説明ができなければ，原価計算の資料は日の目をみることはできないでしょう。

出所：医療経営人材育成事業ワーキンググループ（2006）「11　会計管理」『医療経営人材育成テキスト［ver.1.0］』（経済産業省サービス産業人材育成事業），第９巻。序文にKPMGが追記。

# 患者別原価計算の活用

## （1）患者別原価計算の概要と必要性

患者別原価計算とは，患者別及び日別の診療内容の収益および費用を計算するための原価計算です。前節で紹介した診療科別原価計算では診療科別または中央診療科別の採算性は評価できますが，同じ診療科内においても疾患，個々の患者の容態，入院経過日数等によって採算性が異なるため，最小単位である患者別及び日別の収支を計算の上で，さまざまな角度にて再集計・分析することが，経営財務上の問題点を抽出するために有用となります。

特に診断群分類に基づいた包括評価支払制度（DPC/PDPS）においては，検査，画像診断，投薬，注射，処置等の多くが包括評価範囲に含まれ，収益は固定化します。そのため，医療行為が標準的な水準を超過した場合，出来高払い制度では診療行為に応じて増加する報酬によりコストは回収可能でしたが，包括支払制度では診療報酬が一定であるため増加するコストを回収できなくなります。そこで，コストの効率性，ひいては医療行為の効率性を分析するツールとして原価計算の重要性が高まります（図表7－15）。

図表7－15　出来高払い制と包括支払制度の利益構造の違い

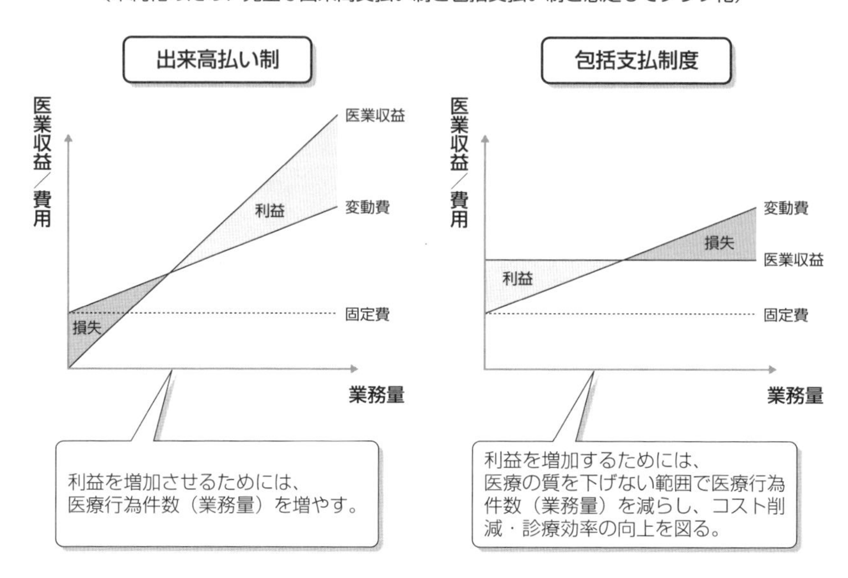


なお，原価計算は実際原価計算と標準原価計算に分けられますが，ここでは過去の実績数値に基づく患者別実際原価計算について説明します。

## （2）患者別原価計算の手順

患者別原価計算において特徴となるのは，診療行為を構成する個々の医療サービスに焦点をあてる点にあります。患者別原価計算は，最終的には患者別及び日別にすべての原価を集計しますが，患者別及び日別に直接紐づけ可能な原価は一部の材料費等に限られるため，配賦計算を正確にするための中間集計単位が必要になります。また，診療行為は疾患や容態によりさまざまですが，診療行為を細分化した個々の医療サービスの集合体としてみれば，すべての患者は定量的に比較可能となります。そこで個々の医療サービスを中間集計単位とした配賦計算として，患者別原価計算は実施されます。

### 図表7−16　患者別原価計算のイメージ

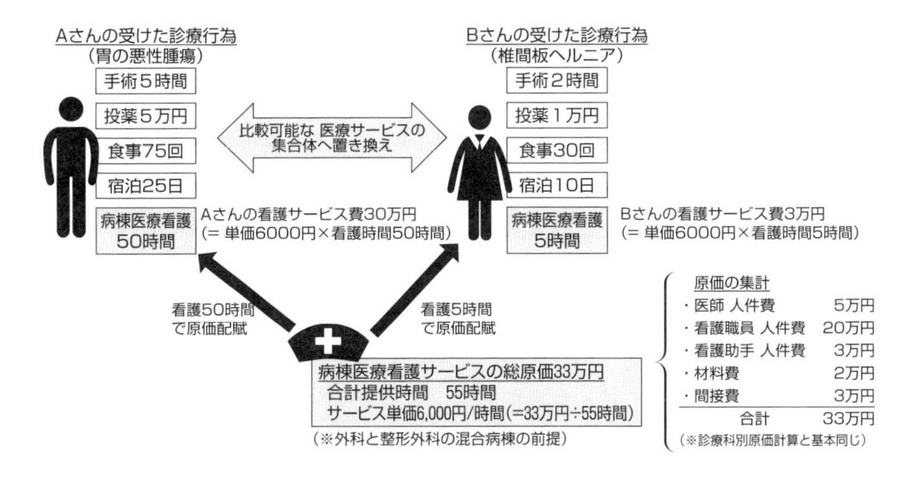


図表7−16は，患者別原価計算のイメージです。Aさん，Bさんはそれぞれ異なる疾患であり，異なる診療科にて入院していますが，個々の医療サービスに分解すれば手術時間，薬価，食事回数，宿泊日数，看護時間等の基準により受けたサービスを比較・定量化することができます。すなわちAさんの診療原価は，手術５時間分，投薬５万円分，食事75回分，宿泊25日分，病棟医療看護50時間分といった定量的に示す事ができます。そして病棟医療看護50時間分の原価は，病棟医療看護サービスに要した総原価33万円を，Aさん50時間Bさん５時間の合計看護時間55時間で配賦することにより，Aさんの原価は30万円と計算できます。また，サービスの総原価（ここでは病棟の医療介護サービス費用33万円）の集計方法は，第３節の診療科別原価計算と同様であり，サービスに直課される直接費（看護職員の人件費等）と配賦される間接費（管理部門費用，施設費用等）に分けられ，間接費の配賦は通常階梯式の計算が必要となります。

なお，患者別原価計算においては，サービス単位を部門単位より細分化する必要があることが，正確性を高めるポイントでありかつ難しいポイントです。たとえば，放射線診断科であればMRI検査，CT検査，PET検査等の種類により検査サービスの単価は大きく異なるため，それぞれの検査をサービス単位に設定した上で，原価を集計・配賦する必要があり，診療科別原価計算より複雑な計算が必要となります。また上記で例示した患者別の病棟看護時間においても手軽に利用可能なデータがない場合が多く，重症度，医療・看護必要度等の入手しやすいデータを活用するなど，配賦基準の採用においては比例性および経済性を考慮し，病院の状況に応じて検討すべき点が多くあります。

## （3）患者別原価計算の活用

患者別原価計算では，患者別及び日別に集計された大量の損益データを，さまざまな角度で再集計することにより分析を行います。たとえば，図表7－17のような集計・分析方法が行われます。

**図表7－17　患者別原価計算の集計分析方法**

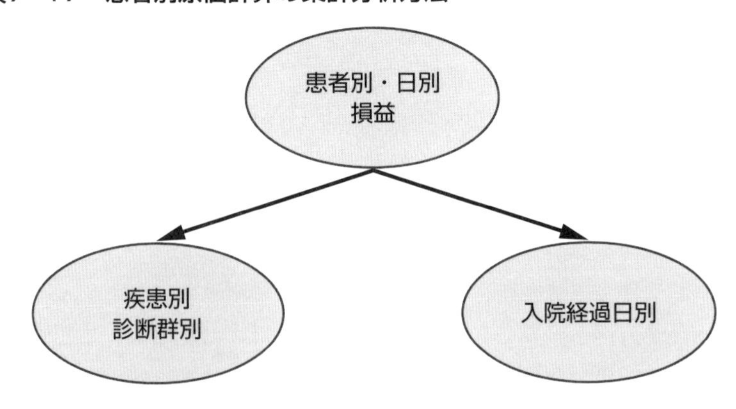


### ①　疾患別診断群別の集計

赤字の疾患別，診断群別の診療行為を抽出し，他の医療機関との比較やクリニカルパスにおける標準的な医療資源投下量との比較により，採算性を低下させている原因の抽出に利用します。

また特に公立病院においては，そもそも診療行為が不採算であることは分かりながらも地域や患者からの期待により継続しなければならない場合もあります。このような場合において，公的サービスの維持コストを算出，説明することにより財政負担を行う公的機関や納税者の理解を得る意義があります。

## ②　入院経過日別の集計

特定の疾患・診断群について，入院経過日別に損益を集計することにより，赤字に転落する平均的な日数を算出し，退院早期化や転院・転棟の可能性を検討する方法です。図7-18は，任意の診断群について，入院経過日数別の損益を集計したグラフです。入院から8日目までは黒字ですが，9日目になると赤字に転落しています。このような状況であれば，9日目以降では退院や回復期の病棟への転棟の可能性を検討することが考えられます。特に昨今の医療行政において，病院機能分化が進展し，病院の地域における役割の明確化が求められるなかにおいて，損益の側面からも転院・転棟の検討を行うことが重要となります。また，前述のように病床転換のシミュレーションと併せて検討することも有用です。

**図表7−18　入院経過日数別の損益**

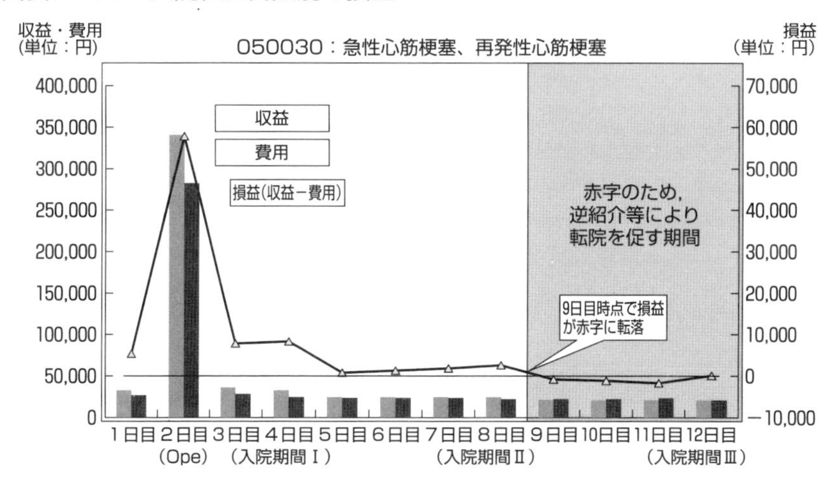

# あとがき

現在，病院を取り巻く経営環境は大きな変革期にあります。人口ピラミッド構造の変化，医療技術の革新に伴う社会保障費の増大，財政破綻の懸念から，地域医療構想の策定を含む医療政策の変革が進められています。このような変革期において，地域における良質な医療を確保するため策定された「新公立病院改革ガイドライン」は，公立病院により一層の経営改革を求めており，その１つとして地方独立行政法人化を含む，経営形態の見直しの視点が掲げられています。

本書は，地方独立行政法人化を進めるにあたっての参考に資するため，第１章公立病院を取り巻く経営環境（地域医療構想や新公立病院改革ガイドラインの対応），第２章地方独立行政法人の概要，第３章目標・計画・評価（PDCA），第４章人事給与制度設計，第５章財務会計制度，第６章情報システム，第７章管理会計（病床転換と経営効率化への支援），をそれぞれ紹介してきました。本書が地方独立行政法人化を検討中・進行中の病院関係者の方々に読まれ，経営改革の一助となれば幸いです。

また，本書を通じて申し上げたかった事項として，地方独立行政法人化は有効なツールであり経営の制約を打破するものですが，地方独立行政法人化自体が必然的に経営改革に繋がるものではないということがあります。経営改革のために重要な事は，継続的な経営改善活動であり，また改善活動に取り組める組織整備であり，その基盤となるのが第３章で紹介した経営目標・計画・評価というPDCAサイクルの構築です。PDCAサイクルは決して新しい手法ではなく，民間企業等で定着している手法ですが，患者への医療提供という重要な目的に日々対応している専門家集団という病院組織において，真に実効性あるものとして進めるのは容易ではないと思います。そこで，第４章で紹介した人事給与制度の設計により職員のモチベーションを高め，経営改善への活力とし，また第７章で紹介した病床転換に関するシミュレーションにより病院の機能転換の判断を後押しし，診療科別・患者別の原価計算を活用して各部門の課題の抽出を行うという，経営管理の高度化が必要とされていると考えます。

このように本書で紹介した地方独立行政法人化の制度対応や，継続的な経営改善活動に取り組めるPDCAサイクルの構築，経営管理の高度化が，公立病院の経営改革の一助となり，ひいては地域医療の充実に繋がることを執筆者一同の願いとしつつ，本書を終えさせていただきます。

平成28年６月

執筆者一同

# 専門用語解説

### CT（Computed Tomography）

コンピュータ断層撮影法のことであり，人体にさまざまな角度からエックス線をあて，水平方向に輪切りにした断面画像をコンピュータ上に展開する検査方法。

### DPC（Diagnosis Procedure Combination）

患者ごとに傷病名や年齢，意識障害レベル（JCS），手術，処置の有無などの治療行為を組み合わせて判定する診断群分類。それぞれのDPCにコードが付与されており，そのコードごとに1日当たり定額の診療報酬が支払われる方式の導入が進められている。

### MRI（Magnetic Resonance Imaging system）

核磁気共鳴画像法のことであり，磁場と電波を用いて体内などの画像を撮影する装置を用いる検査方法。

### PET（Positron Emission Tomography）

陽電子放射断層撮影法のことであり，陽電子（ポジトロン）を放出する放射性核種（ポジトロン核種）で標識した薬剤を静脈から注射し，細胞の活動状態を画像化する検査方法。

### PFI方式（Private Finance Initiative）

公共施設等の建設，維持管理，運営等を長期一括して民間に発注し，民間の資金，経営能力および技術的能力を活用して，事業コストの削減および，より質の高い公共サービスの提供を目指す方式。

**医療観察法**

「心神喪失等の状態で重大な他害行為を行った者の医療及び観察等に関する法律」の通称。心神喪失等の状態で重大な他害行為（他人に害を及ぼす行為）を行った者に対し，その適切な処遇を決定するための手続等を定めることにより，継続的かつ適切な医療ならびにその確保のために必要な観察および指導を行うことによって，その病状の改善およびこれに伴う同様の行為の再発の防止を図り，もってその社会復帰を促進することを目的としている。

**医療審議会**

医療法第71条の2において，医療法により権限を与えられた事項を調査審議，および都道府県知事の諮問に応じ都道府県における医療を提供する体制に関する重要事項を調査審議するため，医療審議会を置くと規定されている。

**インフォームド・コンセント**

患者が医療行為を受けるにあたって，医療従事者より当該医療行為について十分な説明を受けた上で，患者が十分に理解し，受けることの同意・選択をすること。

**回復期**

患者が重症・危機的状態から脱し，症状が安定に向かっている時期を表す。機能障害の程度に応じた日常生活・社会生活に適応を促す時期。

**逆紹介率**

他の医療機関へ紹介した患者の割合を示す指標。他の医療機関とどの程度連携しているかの目安となる。具体的には以下の算定式による。

（逆紹介率）＝（逆紹介患者数）／（初診患者の数）×100（%）

**急性期**

患者の症状・徴候の発現が急であり比較的激しい時期を表す。処置・投薬・手術などを行うことにより，１カ月程度の比較的短期で治癒・軽快する場合をいう。

**クリニカルインディケーター（臨床評価指標）（医療の質に関する評価指標）**

医療の質と医療安全の向上のため，病院のさまざまな機能（一般に，構造，過程，結果の３つの面）を，指標を用いて定量的に表現するもの。厚生労働省の推進事業において，各団体が算出方法および結果を公表している。

**クリニカルパス**

入院中における標準的な疾患について，入院・検査・手術・リハビリなどの治療計画を示す表。

**高度急性期**

救命救急病棟やICU，HCUで実施するような重症者に対する診療密度が特に高い医療（一般病棟等で実施する医療も含む）を必要とする時期を示す。

**後発医薬品**

成分そのものやその製造方法を対象とする特許権が消滅した先発医薬品について，特許権者ではなかった医薬品の製造メーカーが，その特許内容を利用して製造した同じ主成分を含んだ医薬品。

**査定減**

審査支払機関による審査において，過剰な診療行為（検査・投薬等）等であると判断され，診療報酬点数を減点されること。

**サテライト型病院/診療所**

複数の病院/診療所を基幹病院とサテライト型病院/診療所に分け，ネットワークで結び，医師派遣，患者情報の共有等により，救急医療への対応，診療科の充実，地域全体の医師数の増加等の達成を目指す病院。

**三次救急**

初期救急（一次救急）とは，入院や手術を伴わない医療であり，休日夜間急患センターや在宅当番医などによって行われる。二次救急とは，入院や手術を要する症例に対する医療であり，いくつかの病院が当番日を決めて救急医療を行う病院群輪番制や，共同利用型病院方式がある。三次救急とは，二次救急まででは対応できない重篤な疾患（心筋梗塞，脳卒中，大やけどなど）や多発外傷に対する医療であり，救命救急センターや高度救命救急センターがこれにあたる。

**指定管理者制度**

公の施設の料金の設定および直接収受，施設の使用許可を，指定管理者として指定した民間事業者に委ねる方式。

**重症度，医療・看護必要度**

「入院患者へ提供されるべき看護の必要量」を測る指標として開発され，主に看護配置が手厚い病棟の要件として用いられている。一般病床用の「重症度，医療・看護必要度」は，医学的な処置等の必要性を示すA項目，患者の日常生活機能を示すB項目，手術などの医学的状況を評価するC項目（平成28年度改訂新設）から構成される。

**紹介率**

他の医療機関からの紹介で来院した患者の割合を示す指標。他の医療機関とどの程度連携しているかの目安となる。具体的には以下の算定式による。

（紹介率）＝（紹介患者数）＋（救急患者数）／（初診患者数）×100（%）

**審査支払機関**

医療機関等から提出された診療報酬明細書（レセプト）の内容を審査し，保険料を支払う機関。社会診療報酬支払基金と国民健康保険団体連合会がある。

**セカンドオピニオン**

診療内容あるいは診療方針について，担当医以外の第三者的な立場の医師に意見を求めること。またはその意見。

**地域包括ケアシステム**

団塊の世代が75歳以上となる2025年を目途に，重度な要介護状態となっても住み慣れた地域で自分らしい暮らしを人生の最後まで続けることができるよう，住まい・医療・介護・予防・生活支援が一体的に提供されるシステム。

**地域包括ケア病棟（病床）**

急性期後の受入をはじめとする地域包括ケアシステムを支える病棟であり，平成26年度診療報酬改訂により新設された病棟（病床）。在宅復帰を促進するため60日を限度とし，入院料（入院医療管理料）1では，在宅復帰率要件が課される。

**治験**

厚生労働省から新薬としての承認を得ることを目的とし，未承認薬を用いて主に製薬企業が行う臨床試験。

**7：1看護**

入院患者７人に対して看護師１人以上が勤務している状態を表わす。2006（平成18）年の診療報酬改定により，より看護師数が多い病棟に対して，それまでよりも高い点数を与えるため導入された基準。

**認定看護師**

（社）日本看護協会が認定。実務経験5年以上を有した上で600時間以上の専門教育課程を修め，高い水準の看護を提供できる看護師。「がん化学療法看護」，「感染管理」など19種類の看護分野があり，5,795名（2009年11月6日現在）が認定されている。

**配賦基準**

費用の配賦を行う際の配分ルールのこと。

**引当金**

将来の特定の費用または損失であって，その発生が当期以前の事象に起因し，発生の可能性が高く，かつ，その金額を合理的に見積ることができる場合に，貸借対照表上に積み立てられる勘定科目。　実際に発生した場合に，その金額を取り崩すことになる。

**病床利用率**

年間平均病床数に対する入院患者の割合を表す指標。

病床利用率＝年延入院患者数／年延許可病床数×100（%）

**付加価値**

医業収益からその他医業収益と材料費を差し引いたもの

**複式簿記**

すべての取引を，ある勘定科目の借方と他の勘定科目の貸方に同じ金額を記入し，貸借平均の原理に基づいて組織的に記録・計算・整理する簿記。対義語として単式簿記（現金の収支を中心に取引を記録していく簿記。お小遣い帳や家計簿のようなもの）。

**平均在院日数**

入院から退院するまでの平均の入院日数を表す指標。通常，直近3カ月間の集計を用いる。具体的には以下の算定式による。

平均在院日数＝当年度中の延在院患者数／｛(当年度中の新入院患者数＋当年度中の退院患者数）×1/2｝（日）

**保険者**

保険者とは，医療保険の保険料を徴収し，医療を行った医療機関等に対して保険料を支払う機関。健康保険では政府および健康保険組合，国民健康保険では市町村，特別区ならびに国民健康組合がある。

**慢性期**

患者の症状・徴候は激しくないが，治癒することが困難な状態が長期間にわたって持続する時期を表す。長期間の管理，観察，あるいは治療，看護が必要となる。

**臨床研修医**

医師国家試験に合格し，2年間の研修期間中の医師。

# 索　引

## A～Z



## あ



## か



## さ

## 【著者紹介】


### 〈あずさ監査法人〉

［監修者］

**冨山 貴広** 東京事務所 パブリックセクター本部
ヘルスケアグループ リーダー，パートナー，公認会計士

**渡邊　崇** 東京事務所 パブリックセクター本部
ヘルスケアグループ パートナー，公認会計士

**湯本 秀之** 名古屋事務所
パブリックセクター部 パートナー，公認会計士

**堀　重樹** 大阪事務所 第２事業部
パブリックセクター部 パートナー，公認会計士

［執筆者］（執筆順）

**周東 慶祐** 東京事務所 パブリックセクター本部
ヘルスケアグループ マネジャー，公認会計士〔第1，5，7章〕

**北川 裕和** 名古屋事務所 第２グループ
ヘルスケアグループ シニアマネジャー，公認会計士〔第1，2，7章〕

**大西 正祐** 大阪事務所
ヘルスケアグループ シニアマネジャー，公認会計士〔第2，3章〕

**三木 貴之** 大阪事務所 第２事業部
ヘルスケアグループ マネジャー，公認会計士〔第5，6，7章〕

**石山　実** 大阪事務所
IT監査部 パートナー，システム監査技術者〔第6章〕

**森谷　祥** 大阪事務所
IT監査部 シニア，公認会計士〔第6章〕

### 〈エイチ・アール・エム・オフィス社会保険労務士法人〉

**中尾 文彦** エイチ・アール・エム・オフィス社会保険労務士法人
社会保険労務士，代表社員〔第4章〕

**二宮　智** エイチ・アール・エム・オフィス社会保険労務士法人
特定社会保険労務士〔第4章〕

〈パブリックセクター本部　ヘルスケアグループ〉

有限責任 あずさ監査法人では，医療・介護等の社会保障分野において，会計監査及び会計アドバイザリー（国立大学法人，独立行政法人，地方独立行政法人，地方公営企業，公益法人，医療法人，社会福祉法人等）の他，事業計画策定支援，再生支援，組織管理体制構築支援，公立病院改革プラン策定支援，地方独立行政法人化支援，病床機能転換支援，病院原価計算支援，各種分析業務等の専門的支援サービスを提供しています。

東京事務所，大阪事務所及び名古屋事務所に，ヘルスケアに関する専門グループをおくとともに，各地の地域事務所にパブリックセクター担当者を配置してパブリックセクター本部が統括しています。

〈エイチ・アール・エム・オフィス社会保険労務士法人〉

エイチ・アール・エム・オフィス社会保険労務士法人は，西日本を中心に，労働社会保険諸法令に基づく各種手続代行や，人事給与制度の設計，労務管理に関するアドバイザリーサービスなどを提供しています。

一般の企業へのサービスのみならず，公益財団に対する支援や，独立行政法人化に伴う人事給与制度構築支援業務，法人化後の労務顧問業務なども幅広く実施しています。

【編者紹介】

**有限責任 あずさ監査法人**

有限責任 あずさ監査法人は，全国主要都市に約5,600名の人員を擁し，監査や各種証明業務をはじめ，財務関連アドバイザリーサービス，株式上場支援などを提供しています。
金融，情報・通信・メディア，製造，官公庁など，業界特有のニーズに対応した専門性の高いサービスを提供する体制を有するとともに，4大国際会計事務所のひとつであるKPMGインターナショナルのメンバーファームとして，155ヵ国に拡がるネットワークを通じ，グローバルな視点からクライアントを支援しています。

**KPMG**

KPMGは，監査，税務，アドバイザリーサービスを提供するプロフェッショナルファームのグローバルネットワークです。世界155ヵ国のメンバーファームに約174,000名の人員を擁し，サービスを提供しています。KPMGネットワークに属する独立した個々のメンバーファームは，スイスの組織体であるKPMG International Cooperative（"KPMGインターナショナル"）に加盟しています。KPMGの各メンバーファームは，法律上独立した別の組織体です。

平成22年３月30日　初 版 発 行
平成28年８月10日　第２版発行　　略称：公立病院（２）

公立病院の経営改革
―地方独立行政法人化への対応―
（第２版）

編　　者　あずさ監査法人
発 行 者　中　島　治　久

発行所　同 文 舘 出 版 株 式 会 社
東京都千代田区神田神保町１-41　〒101-0051
営業（03）3294-1801　編集（03）3294-1803
振替 00100-8-42935 http://www.dobunkan.co.jp

Printed in Japan 2016　製版　一企画
印刷・製本　萩原印刷

ISBN978-4-495-19462-8